Éditions du Moment
15, rue Condorcet
75009 Paris
www.editionsdumoment.com

Affaires DSK :
la contre-enquête

DU MÊME AUTEUR

Ouvrages de Michel Taubmann

L'affaire Guingouin, Lucien Souny, 1994.

Femmes de prêtres, Stock, 2003.

La Bombe et le Coran. Une biographie du président iranien Mahmoud Ahmadinejad, Éditions du Moment, 2008.

L'Heure du choix, entretiens avec Reza Pahlavi, Denoël, 2009.

Histoire secrète de la révolution iranienne, avec Ramin Parham, Denoël, 2009.

Le Roman vrai de Dominique Strauss-Kahn, Éditions du Moment, 2011.

Direction d'ouvrage

Irak An I. Un autre regard sur un monde en guerre, avec Pierre Rigoulot, Éditions du Rocher, 2004.

Michel Taubmann

Affaires DSK : la contre-enquête

Les Éditions du Moment

Pour Matthieu et Hugo,
en souvenir de Félix et Nestor

I

L'ÉNIGME DSK

Mardi 10 mai 2011. Dominique Strauss-Kahn participe à Zurich à une conférence co-organisée par le Fonds monétaire international et la Banque nationale suisse. Le directeur général du FMI y côtoie entre autres décideurs le vice-président de la Réserve fédérale américaine Donald Kohn, le président de la BCE – Banque centrale européenne – Jean-Claude Trichet, le président du Conseil de stabilité financière Mario Draghi ou encore le financier George Soros. À l'ordre du jour, la Grèce. Depuis décembre 2010, Dominique Strauss-Kahn se bat pour inciter les Européens à adopter un plan d'ensemble avec le soutien du FMI, afin de sauver le maillon faible du Vieux continent. Ce jour-là, le directeur général du FMI éblouit l'assistance par son brio. À soixante-deux ans, il est au sommet de son art. « *Il pourrait conquérir la France après avoir sauvé le monde* », a écrit à son propos l'hebdomadaire américain *Newsweek*, en couverture de son édition internationale du 8 novembre 2010. Dominique Strauss-Kahn jouit d'une incontestable estime parmi les grands de ce monde. Un des tout premiers à prévoir la crise d'octobre 2008, il fut aussi l'un des artisans des initiatives internationales, à travers les réunions des G20, qui ont permis d'en limiter les effets. Ce 10 mai 2011, les socialistes français célèbrent, place de la Bastille à Paris, le trentième anniversaire de la victoire de François Mitterrand en 1981. Beaucoup d'entre eux voient déjà DSK accéder à l'Élysée à l'occasion de la prochaine élection présidentielle prévue au printemps 2012.

En janvier, dans le plus grand secret, Dominique Strauss-Kahn a pris sa décision : il sera candidat. C'est presque une obligation. Depuis deux ans, il plane avec constance dans les sondages qui l'annoncent désormais vainqueur au deuxième tour face à Nicolas Sarkozy avec plus de 60 % des voix. L'absence crée le désir. Depuis son élection à la direction générale du FMI en septembre 2007, DSK a changé de statut et de stature. Du haut de son Olympe, le « sphinx de Washington » paraît seul capable d'affronter d'égal à égal Nicolas Sarkozy. DSK incarne une gauche réformiste, compétente et, surtout, dotée d'une expérience internationale. *« Il est le meilleur à gauche, car il connaît l'économie et le fonctionnement des entreprises »*, explique l'ancien Premier ministre Édith Cresson qui l'a nommé ministre pour la première fois, à l'Industrie et au Commerce extérieur en 1991 dans son gouvernement[1]. Certains socialistes craignent qu'il ne mène une politique centriste. Ils se méfient de son image de « friqué ». Mais les électeurs français qui le plébiscitent dans les enquêtes d'opinion attendent de lui, fort de son expérience au FMI, des solutions face à la mondialisation.

Durant la dernière semaine d'avril 2011, DSK accélère l'allure. En visite privée à Paris, il rencontre le gratin des dirigeants socialistes, mais aussi des élus locaux. Jusqu'à dix personnes certains jours, dans l'atelier d'artiste de son ami l'écrivain Dan Franck, à Port-Royal, ou dans des cafés. D'aucuns qui ne lui étaient pas favorables quelques semaines auparavant se pressent pour le rencontrer. Il discute parfois de détails de la future campagne. Le doute n'est plus possible. « *Je l'ai vu le 29 avril au Pavillon de la Reine, un café de la place des Vosges,* se rappelle Claude Bartolone, ancien ministre de la Ville. *Comme d'autres camarades qui le rencontrent à ce moment-là, j'ai été frappé par sa détermination. Il était vraiment décidé à être candidat*[2]. » Pendant ce séjour parisien, DSK rencontre aussi les responsables des rédactions de *Marianne*, de *Libération* et du *Nouvel Observateur.* Aux uns et aux autres, il apparaît extrêmement sûr de lui. Rien ne semble arrêter sa marche vers la primaire socialiste, der-

1. Entretien avec l'auteur, 12 mai 2011.
2. Entretien avec l'auteur, 29 septembre 2011.

nière étape avant la bataille pour l'Élysée. Le calendrier est connu des initiés : Dominique Strauss-Kahn démissionnerait de la direction générale du FMI vers le 15 juin et s'adresserait aux Français dans la foulée, avant le 28 juin, premier jour du dépôt des candidatures pour la primaire socialiste. Évidemment, tant que sa candidature n'est pas officielle, il peut se raviser. On n'exclut pas dans son entourage une crise financière d'une extrême gravité qui l'empêcherait d'abandonner la barre du FMI en pleine tempête. Mais on n'y croit guère. « *La campagne électorale sera sale, avec des attaques sous la ceinture* », confie Anne Sinclair[1]. Mais son mari et elle se disent prêts à faire face. Le 28 avril, déjeunant avec quelques journalistes, DSK confie qu'il craint d'être attaqué sur « *les femmes, l'argent et la judéité* ». Se faisant plus précis, il évoque même l'hypothèse d'un complot monté contre lui. On pourrait utiliser, dit-il, « *une femme payée plusieurs centaines de milliers de dollars* » pour affirmer qu'il « *l'aurait violée dans un parking !* » Les femmes, chacun le sait, sont son talon d'Achille. Mais Dominique Strauss-Kahn ne semble pas craindre prioritairement la droite française. « *Il avait peur,* témoigne Claude Bartolone, *d'un mauvais coup des Russes qui s'étaient toujours opposés à lui au FMI. Il ne voulait pas être obligé de démissionner sous la contrainte. Il vou-*

1. *Le Roman vrai de Dominique Strauss-Kahn*, Éditions du Moment, 2011.

lait quitter le FMI la tête haute. Il m'a dit, comme à d'autres camarades, d'être extrêmement discret sur nos échanges. Il m'a demandé d'enlever la batterie de mon téléphone portable pour éviter les écoutes téléphoniques. J'étais très surpris qu'il se méfie comme cela, lui qui d'habitude est d'un tempérament plutôt léger. Vu son état d'esprit fin avril, je n'ai toujours pas compris qu'il ait pu tomber dans un piège[1]. »

Il existe bien une énigme DSK. Comment l'expliquer ? Depuis son enfance, il est protégé du monde par un ego démesuré. Aimé par sa mère puis par les femmes, il a constamment été admiré, voire adulé par ses amis de jeunesse et ses partisans. Ses multiples succès dans les études et en politique lui ont donné une confiance en lui-même illimitée. Ses échecs ne l'ont jamais durablement ébranlé. Citons les plus spectaculaires. En 1999, au sommet de sa gloire, pris dans l'affaire de la Mnef, il doit démissionner du ministère des Finances. On le croit perdu pour la vie publique. Mais il revient progressivement après la défaite de Lionel Jospin en 2002. Quatre ans plus tard, en même temps qu'un autre surdoué de la politique, Laurent Fabius, il subit une humiliante défaite à la primaire socialiste face à Ségolène Royal. Il rebondit en accédant, à l'automne 2007, à la direction générale du FMI. Mais l'année suivante, en pleine crise

1. Entretien avec l'auteur, 29 septembre 2011.

monétaire internationale, alors qu'il brille dans ses nouvelles fonctions, DSK manque à nouveau de tout perdre suite à sa brève liaison avec une fonctionnaire hongroise du FMI, Piroska Nagy[1]. On l'avait pourtant prévenu : les Américains sont puritains. Mais DSK n'en fait qu'à sa tête. « *Je ne sacrifierai jamais ma liberté personnelle pour la politique* », a-t-il souvent répété à ses proches. L'affaire Piroska Nagy lui a-t-elle servi de leçon ? On le pense dans son entourage. Ou plutôt on l'espère. Il a subi à cette occasion une double alerte, politique et personnelle. Pour une simple aventure, il a failli briser son couple et sa carrière. Les deux cependant en sont sortis renforcés. Depuis trois ans Anne Sinclair n'a quasiment plus quitté son mari. Elle l'accompagne très souvent en voyage. « Dominique s'est assagi », disent ses amis. Il tient beaucoup à son couple. En revanche il ne voit pas pourquoi il se priverait de quelques plaisirs quand l'occasion se présente.

Le 11 mai au matin, DSK quitte Zurich. Dans l'après-midi, il atterrit à Washington DC, où se trouve le siège du FMI. Il file aussitôt à son bureau, malgré la fatigue liée au décalage horaire. Docteur Strauss travaille énormément. Mais Mister Kahn aime s'amuser. Ce jour-là, il reçoit des « copains » qui viennent de France, plus précisément des environs de Lille. Fabrice Paszkowski, un militant socia-

1. *Le Roman vrai de Dominique Strauss-Kahn, op cit.*

liste, fournisseur en matériels médicaux, est celui que DSK connaît le mieux. Il prépare sa campagne présidentielle dans le département du Nord. Animateur du club « À gauche en Europe », il est l'auteur d'un rapport sur la santé. Ce 11 mai, il a fait le déplacement en compagnie de David Roquet, patron d'une filiale du groupe de BTP Eiffage, et de Jean-Christophe Lagarde, chef de la sûreté départementale du Nord, un policier de terrain compétent et respecté. Les trois hommes sont déjà venus plusieurs fois à Washington. Le but de ces voyages ? Des réunions de travail en vue de préparer la future campagne présidentielle. Le commissaire Lagarde en particulier discute avec DSK des problèmes de sécurité en cas d'alternance. Mais, avec DSK, on joint souvent l'utile à l'agréable dans un mélange de genres déroutant et détonnant. Ce 11 mai 2011, les trois « copains » sont accompagnés par deux « copines », présentées comme des secrétaires du groupe de BTP de David Roquet. Le lendemain, ils invitent DSK pour la soirée au W. Hôtel, le quatre-étoiles où ils séjournent au cœur de la capitale américaine. Après le repas, comme souvent, on se livre au libertinage. DSK passe quelques heures avec une jeune femme qu'il a déjà rencontrée dans des circonstances identiques en France. Lors de ces soirées galantes, invité par ses amis, il ne débourse jamais un centime. Il ne se pose pas la question de savoir si ses partenaires d'un soir sont rémunérées, ce qui n'est pas systématique. Libertinage et prostitution ne vont pas forcément de pair. Mais la cloison n'est pas étanche. Ce 12 mai 2011, le DG du FMI rentre vers une heure du matin dans la maison de Georgetown qui abrite depuis quatre ans son couple avec Anne Sinclair, alors à Paris. Le lendemain à midi, il invite ses hôtes français au restaurant du FMI. Il paie avec sa carte de crédit personnelle. La justice déterminera son degré d'implication dans l'affaire dite « du Carlton ». Mais cette affaire, pénalement mineure, s'avérera peut-être comme une bombe à retardement armée dans le plus grand secret afin d'exploser, le moment venu, sous les pieds d'un DSK, candidat socialiste à la présidentielle. Dans le cadre de l'enquête commencée discrètement depuis plusieurs mois, certains services de police ont pu accumuler des informations concernant le mode de vie libertin du favori des sondages. En mélangeant les genres, il joue avec le feu. Il partage son intimité avec des femmes qu'il ne connaît pas et ne se préoccupe pas de savoir si ses amis l'invitent sur leurs propres deniers. Ces parties fines font de lui une cible facile.

Vendredi 13 mai 2011. En milieu d'après-midi, Dominique Strauss-Kahn quitte Washington DC. Direction New York d'où il doit s'envoler le lendemain vers Paris, avant de rallier Berlin afin d'y rencontrer le dimanche la chancelière allemande Angela Merkel. Avec elle, il préparera l'important sommet des ministres des Finances de l'Union européenne, prévu pour lundi 16 mai à Bruxelles. Les ministres des vingt-sept pays discuteront la mise en place d'un mécanisme européen de stabilité. Ceux de la zone euro devront entériner le plan d'aide au Portugal – 78 milliards d'euros sur trois ans – et désigner le futur président de la Banque centrale européenne. Ils devront surtout se pencher sur la situation dramatique de la Grèce et concocter un plan de sauvetage pour ce pays. Après Berlin, Dominique Strauss-Kahn préparera le sommet du G8 qui se tiendra à Deauville les 26 et 27 mai et sera, entre autres sujets, consacré aux pays arabes en pleine révolution. Ce devrait être son dernier grand rendez-vous international en tant que directeur général du FMI.

Ironie du destin, ce 13 mai 2011, à Washington DC, il vient d'apprendre que sa messagerie internet a été piratée et que des informations confidentielles le concernant sont maintenant en possession des plus hauts dirigeants de l'UMP. Les copains policiers ne viennent pas seulement pour la fête... Avant de quitter Washington DC, Jean-Christophe Lagarde donne ses dernières recommandations au directeur général du FMI. Certains services de police surveillent étroitement DSK, prêts à utiliser le moindre faux pas. Il lui dit de faire « *très attention aux filles* ». « *Ne t'en fais pas,* répond DSK. *À partir de maintenant, je ne regarde plus aucune femme, je mets des œillères.* » Joignant le geste à la parole, il se masque les yeux. DSK est décidé à se tenir à carreau. Le lendemain, il prend l'avion pour l'Europe. Dès lors, comme directeur général du FMI puis comme candidat à la présidentielle, entouré de journalistes et surveillé par des gardes du corps, il devra renoncer à sa chère liberté. Il ne lui reste plus que vingt-quatre heures pour en profiter.

Intellectuellement, DSK peut concevoir un danger. Mais, au fond de lui-même, il n'arrive pas à y croire. La Mnef, la cassette Méry, Piroska Nagy… L'homme qui flirte toujours avec les limites survit à toutes les épreuves. L'histoire se répète en 2011. De manière bien plus grave que les fois précédentes. En quelques instants, il va tout perdre.

II

Une nuit au Sofitel

Ce vendredi 13 mai 2011, en fin d'après-midi, Dominique Strauss-Kahn, venant de Washington DC, atterrit à New York. Le lendemain, avant de partir vers Paris, il déjeunera avec sa fille Camille, vingt-six ans, étudiante à l'université Columbia. Il a dû annuler son précédent rendez-vous avec elle, trois semaines auparavant, pour cause d'emploi du temps démentiel. Il ne peut pas manquer celui-ci. Camille veut lui présenter son nouveau petit ami, un étudiant irlandais prénommé Pierce. Ce bref séjour à New York est entièrement privé. Il l'effectue à ses frais et sans garde du corps. Vers 19 heures, ce vendredi, il dépose ses bagages au Sofitel.

Cet hôtel quatre étoiles, situé dans le quartier de Broadway, 44e rue, est fréquenté par des touristes appartenant aux classes moyennes supérieures et par des hommes d'affaires. Il compte trois cent quatre-vingt-dix-huit chambres réparties sur trente étages. Dominique Strauss-Kahn y est descendu à plusieurs reprises ces dernières années, souvent en compagnie d'Anne Sinclair. En général, le directeur de l'hôtel, Jorge Tito, les salue à leur arrivée. Le patron du FMI est apparemment un client apprécié. La preuve ? La nuit du 13 mai 2011, pour le prix d'une chambre à 525 dollars, la direction met à sa disposition la suite présidentielle numéro 2806, normalement cinq fois plus chère, située au vingt-huitième étage. Une faveur qui lui a déjà été accordée dans le passé. Cette suite présidentielle de cent vingt-cinq mètres carrés comporte deux couloirs : le premier mène à une chambre suivie d'une salle de bains ; le deuxième débouche sur un salon et un bureau. La 2806 est devenue la suite la plus célèbre du monde. Elle charrie un lot sans précédent de fantasmes. Encore s'agit-il de démêler le vrai du faux.

« *C'est une très jolie suite*, dit la jeune fille qui accueille le directeur général du FMI, *vous devriez rester plus longtemps.*

– *Mais dans ce cas, vous devrez venir y boire un verre de champagne avec moi* », répond, en souriant, le nouvel arrivant.

Cette plaisanterie, très *frenchy*, prononcée à voix haute, et devant d'autres clients, n'est pas prise au sérieux par la réceptionniste. Elle donnera cependant lieu à des récits fantaisistes, tout comme l'ensemble du bref séjour new-yorkais de Dominique Strauss-Kahn. Ainsi, un journaliste se prétendant « *bien informé* » a parlé à l'auteur de ce livre « *d'une partouze géante dans l'appartement new-yorkais d'Anne Sinclair* ». Il en était certain. « *Tout le monde le sait* », affirmait-il avec aplomb, ignorant simplement un détail non négligeable : le couple Strauss-Kahn n'a jamais possédé d'appartement à New York. De la même manière, certains journaux prétendront que DSK a couché avec deux call-girls dans la nuit du vendredi au samedi, à New York. DSK est infidèle, libertin, imprudent. Cela fait beaucoup pour un seul homme, pourquoi en rajouter ? En réalité, ce vendredi soir, le directeur général du FMI dîne au restaurant avec une amie. Elle le raccompagne à son hôtel, comme le montrent les caméras de surveillance. Mais Dominique Strauss-Kahn dort seul. Assez fatigué par les voyages et les décalages horaires que lui impose sa fonction à la tête du FMI, il se réveille tard, vers 9 heures 30. Il commande son petit déjeuner et allume aussitôt son téléphone portable du FMI. Dominique Strauss-Kahn possède au total sept appareils : avec des numéros français et américains, des personnels et des professionnels. Cinq portables sont rangés dans des packs à l'intérieur d'une petite valise. Il n'en a sorti que deux depuis la veille au soir. L'un d'eux est son téléphone personnel américain, l'autre est réservé aux communications et messages concernant le FMI. Il est son principal outil de travail. Il le consulte chaque jour dès son réveil. Sur ce BlackBerry, il reçoit plusieurs fois par heure des e-mails provenant de ses collaborateurs du FMI.

Cet appareil contient le plan des discussions qu'il doit tenir le lendemain à Berlin avec la chancelière allemande Angela Merkel, à propos de la dette grecque et de la zone euro. Ce BlackBerry a en mémoire d'innombrables informations économiques concernant des entreprises ou des États. Peut-on consulter son contenu à distance ? C'est très difficile, car il s'agit d'un appareil sécurisé dépendant d'un système extrêmement verrouillé. La possession de ce téléphone portable est donc importante. Il représente une grande valeur marchande potentielle. Celui qui s'en emparerait pourrait le vendre très cher à un gang, un État ou une entreprise intéressés par les informations ultra-sensibles qu'il contient sur les marchés. Dominique Strauss-Kahn tient ce téléphone dans ses mains lorsqu'il prend son *breakfast* dans le salon le 14 mai au matin.

Tout en déjeunant, il parle avec Pierre Moscovici. L'ancien ministre des Affaires européennes, qui est son ami depuis vingt-cinq ans, se prépare pour l'émission *On n'est pas couché*, de Laurent Ruquier sur France 2 où, dans la soirée, il doit présenter son livre *Défaite interdite*. Les deux hommes discutent, entre autres sujets, de la dette grecque. « Mosco » se trouve alors à Paris en compagnie d'Anne Hommel, l'attachée de presse de DSK, proche parmi les proches, et d'Anne Sinclair dont il utilise le téléphone. Dominique Strauss-Kahn les rappelle ensuite avec son portable du FMI. La conversation dure le temps du petit déjeuner. « *Anne me reprochait d'avoir du porridge dans la bouche* », se souvient Dominique Strauss-Kahn[1]. Ses interlocuteurs le trouvent de bonne humeur, en forme et déjà concentré, à quelques semaines de l'annonce de plus en plus probable de sa candidature. Une fois la conversation et le petit déjeuner achevés, DSK se recouche et somnole pendant environ une heure. De 11 heures 38 à 11 heures 50, son épouse l'appelle sur son portable FMI[2]. Peu avant midi, il entre dans la douche. Pendant qu'il se lave, un employé masculin de l'hôtel chargé du *room service* pénètre dans la suite. Selon la version donnée par le Sofitel, l'homme ne s'avance pas plus loin que le salon, première pièce en entrant à droite. Qu'y fait-il ? On peut supposer qu'il débarrasse le plateau du petit déjeuner. Peut-être aussi dresse-t-il l'inventaire des boissons consommées par le client et réapprovisionne-t-il le réfrigérateur. A-t-il le droit de s'introduire ainsi dans une suite encore occupée ? Oui, dans le cas où le client reste la nuit suivante[3]. Pour s'annoncer, l'employé doit crier « *Room service !* » quand il est sur le pas de la porte. Si le client ne répond pas, il peut se croire autorisé à entrer dans le salon, si éloigné de la chambre que l'atteinte à l'intimité est peu probable.

---

1. Entretien avec l'auteur, 16 octobre 2011.
2. Tous les horaires des communications sont issus de relevés téléphoniques consultés par l'auteur.
3. Pour répondre à cette question, nous avons sollicité un ancien dirigeant du groupe Accor qui a souhaité rester anonyme.

Le cas de Dominique Strauss-Kahn est différent. Il s'agit du client d'une chambre « en départ », dont le nettoyage doit être bien plus complet puisque quelqu'un d'autre va l'occuper. Dans ce cas, les règles sont très strictes[1]. Au Sofitel de New York, cinq ou six responsables de secteur supervisent chacun une soixantaine de chambres dont le ménage est réparti entre cinq ou six employées. Quand celles-ci prennent leur service, le *supervisor* leur indique les chambres « en départ ». Il doit aussi absolument leur signaler la présence d'un VIP.

Le *check out*, départ du client, est attesté électroniquement à la réception après le règlement de la note. Chaque responsable d'étage ou « relais de secteur », alors alerté, donne le feu vert à une femme de chambre pour intervenir. Avant le *check out*, aucun personnel de l'hôtel n'est autorisé à entrer dans une chambre, encore moins dans une suite présidentielle dont le client, un super VIP, bénéficie d'une attention particulière. Il est donc tout à fait anormal qu'une femme de chambre soit entrée dans la suite 2806 encore occupée par Dominique Strauss-Kahn.

1. Toutes les informations concernant le fonctionnement de l'hôtel proviennent du même ancien dirigeant du groupe Accor et d'une personne travaillant au Sofitel de New York.

III

« Tentative de viol, agressions sexuelles et séquestration »

Samedi 14 mai 2011. Il est un peu plus de 18 heures 30 sur la côte Est des États-Unis quand le *New York Post* dans sa version électronique annonce l'invraisemblable nouvelle : Dominique Strauss-Kahn, directeur général du FMI, a été arrêté moins de deux heures plus tôt à l'aéroport John Fitzgerald Kennedy. Placé en garde à vue dans un commissariat de Harlem, il est accusé de tentative de viol, agressions sexuelles et séquestration sur une femme de chambre d'un hôtel de Manhattan. Reprise par le *New York Times*, puis par tous les journaux de la planète, l'information se précise au fil des heures. La plupart des nouvelles proviennent d'une même source : la police de New York. Chacune d'elles est plus accablante que la précédente pour le chef du FMI. Relayant des informations principalement à charge et non vérifiées, la presse internationale rendra bientôt vraisemblable, l'invraisemblable. On apprend ainsi que Dominique Strauss-Kahn, installé dans une « *suite luxueuse à 3 000 dollars* » de l'hôtel Sofitel, s'est précipité au sortir de la douche sur une *maid* noire venue nettoyer sa chambre. Cité par le *New York Times*, le commissaire-adjoint Paul J. Browne, porte-parole du NYPD – New York Police Department –, la police de New York, raconte la scène : « *Complètement nu* », DSK se serait approché « *par-derrière* » de la jeune femme, cherchant à lui « *toucher les seins* ». Se référant au témoignage de la plaignante, le policier poursuit : « *Il* [DSK] *la tira dans la chambre et sur le lit, puis ferma la porte de la suite.* [...] *L'employée de l'hôtel s'est débattue, et il* [DSK] *l'a traînée dans la salle de bains où il s'est livré à une deuxième agression sexuelle*[1]. » La victime serait alors parvenue à sortir de la suite, sans que son agresseur présumé cherche à l'en empêcher. « *Elle s'est enfuie*, ajoute Paul J. Browne, *et a prévenu des personnels de l'hôtel qui ont appelé le 911* », le numéro d'urgence des victimes. DSK de son côté se serait habillé en vitesse avant de partir précipitamment. « *Quand la police est arrivée*, explique le commissaire-adjoint Browne, *M. Strauss-Kahn n'était pas là.* » Dans la chambre, les enquêteurs disent avoir trouvé « *son téléphone cellulaire* »

1. *New York Times*, 16 mai 2011.

et « *des effets personnels* » qu'il avait abandonnés dans sa fuite. « *Nous avons appris*, conclut M. Browne, *qu'il* [DSK] *était sur un avion d'Air France* » à l'aéroport John Fitzgerald Kennedy.

Dans l'après-midi du 14 mai, la femme de chambre a été conduite par le service médical d'urgence à l'hôpital Roosevelt où, selon le commissaire-adjoint Browne, elle a été soignée pour des « *blessures mineures* ». Son avocat, Jeffrey Shapiro, spécialisé dans les erreurs médicales et les accidents du travail, la décrira extrêmement choquée et traumatisée. Un homme qui se présente comme « *son frère* » prétendra qu'elle pleure jour et nuit et demeure terrifiée par les insoutenables violences que lui a infligées le directeur général du FMI. Plus tard, cependant, on apprendra que ce « *restaurateur de quarante-deux ans du quartier de Harlem* », porte-parole autoproclamé de la plaignante, n'est pas son frère. Il est Sénégalais. Elle est Guinéenne. « *En Afrique*, dit-on, *la notion de frère n'est pas la même qu'en Occident.* » Bientôt, il s'éclipsera. Mais nul à ce stade ne remet en cause la crédibilité de la plaignante, qualifiée de « *très fiable* » par un haut responsable de la police new-yorkaise. Cette veuve qui, dit-on, élève seule une fille de quinze, douze ou dix ans, selon les versions, dans un modeste appartement du Bronx, travaille depuis trois ans au Sofitel de New York, « *de façon satisfaisante* » souligne le directeur de l'établissement Jorge

Tito. Elle n'aurait « *jamais attiré l'attention défavorablement* », affirme le groupe français Accor, propriétaire des hôtels Sofitel.

Qui est-elle, cette femme qui a fait tomber de son piédestal le favori de la présidentielle française ? Aux États-Unis, la presse n'a pas le droit de citer le nom d'une victime de violences sexuelles. Mais les journaux français révèleront bientôt qu'elle s'appelle Nafissatou Diallo, un patronyme qui correspond à l'image de l'immigrée pauvre ayant quitté son pays en 2004, attirée par le « rêve américain ». Des employés du Sofitel, eux, dénomment leur collègue d'un pseudonyme, Ophelia, qui évoque plus les night-clubs de Broadway que l'Afrique profonde.

Le 17 mai, un homme d'affaires français contacte l'auteur de ce livre. Il pense avoir croisé Nafissatou Diallo, une dizaine d'années plus tôt, parmi d'autres entraîneuses dans une boîte de nuit de Bamako, au Mali. Il est de droite, mais « *aurait pu cette fois voter pour DSK* ». Il s'indigne que l'élection présidentielle puisse être faussée, dit-il, « *sur la base d'un piège* ». Après vérifications auprès d'un ami sur place, il reconnaîtra s'être « *trompé de personne* ». Il reste cependant persuadé que le directeur général du FMI a été victime d'une femme cupide. « *C'est assez classique,* dit-il. *Il existe des réseaux organisés de femmes guinéennes, spécialisés dans les récits de viols imaginaires dans le seul but d'extorquer de l'argent à des hommes fortunés*[1]. »

Cette thèse est confirmée le lendemain à l'auteur par Christiane Nyangomo, pasteure de l'Église réformée de France, à Barbezieux, et originaire du Cameroun. D'autres femmes africaines témoignent dans le même sens. Certaines s'expriment sur Internet. Mais elles passent inaperçues.

Qui est vraiment la « femme de chambre du Sofitel » ? « *Ma cliente souhaite rester anonyme*, explique son avocat Jeffrey Shapiro, *car elle a très peur que quelque chose lui arrive sur le plan physique.* [...] *Elle se sent très menacée par tout cela*[2]. »

Qui peut bien menacer Nafissatou Diallo ? Mystère. Ceux qui sont censés la connaître refusant de s'exprimer, les journalistes peinent à collecter la moindre information à son sujet. La presse esquisse progressivement un portrait plein de zones d'ombres. On apprend que Nafissatou Diallo appartient à l'ethnie des Peuls, qui fut opprimée dans la Guinée de Sékou Touré et dont beaucoup de membres, comme elle et sa famille, émigrèrent au Sénégal, où elle obtint son visa pour les États-Unis. Dans un article du quotidien sénégalais *Wal Fadjri*, publié le 23 mai et repris par *Courrier international*, la mère de Nafissatou Diallo s'exprime : « *Je n'ai pas mis au*

1. Entretien avec l'auteur, 17 mai 2011.
2. Déclaration à la presse le 17 mai 2011.

monde une mauvaise femme ». Elle raconte l'enfance « *calme, sans problèmes* » de sa fille, mariée très jeune à un de ses cousins, qui à son décès la laisse seule avec une fillette. On apprend aussi que, après son veuvage, Nafissatou « *rejoint sa grande sœur au pays de l'oncle Sam* ». Dans *Le Figaro* du 27 mai 2011, le journaliste Renaud Girard, envoyé spécial à New York, signe un article à la tonalité plus critique. Il est intitulé : « L'entourage de Nafissatou Diallo affiche sa perplexité. » Renaud Girard a enquêté dans la petite communauté africaine francophone de New York. À Harlem, au restaurant *2115*, fréquenté par des Sénégalais et des Guinéens, « *on recueille,* écrit le journaliste, *un portrait de Nafissatou comme étant une jeune femme sérieuse et travailleuse, le contraire d'une fille délurée ou provocatrice* ». « *Elle vient d'une famille très pieuse, d'une famille maraboutique, où la religion est tout et l'argent rien* », raconte le Sénégalais Amadou N'Diaye, ami d'enfance du patron. « *Vous devez comprendre,* explique-t-il, *que, chez les Peuls, on ne badine pas avec l'amour. C'est pour cela que les Peuls cherchent à marier leurs filles très tôt, dès leur puberté. Chez eux, au moindre écart sexuel, toute la famille est plongée dans la honte*[1]. » Renaud Girard ne constate pas d'animosité à l'encontre de Dominique Strauss-Kahn : « *Ne vous trompez pas,* poursuit Amadou dans son français

1. *Le Figaro*, 27 mai 2011.

parfait, *cette affaire plonge sa famille* [de la jeune femme] *dans la honte. En Afrique, on aurait résolu cette affaire dans le secret. Désormais, ce sont deux vies qui se trouvent inutilement gâchées, celle de Nafi et celle de DSK, un homme que nous aimons beaucoup, nous les Africains francophones*[1]. » Le journaliste poursuit : « *Au* [restaurant] *2115, on est solidaire avec "Nafi", mais personne ne cherche à accabler DSK pour autant. Les Africains de New York estiment que les chefs d'inculpation de viol ou de séquestration "ne tiendront pas". "Comment un homme de soixante-deux ans, pas sportif, aurait-il pu forcer une femme de trente-deux ans, d'un mètre quatre-vingts, musclée par son travail manuel?" disent-ils.* »

Dans son article, Renaud Girard donne ce qu'il nomme à juste titre « *une information de poids* » : « *Nafissatou serait mariée (et non pas veuve). Son mari vivrait toujours, sur le sol des États-Unis. Les époux vivraient séparément. Le mari aurait récemment eu des ennuis avec la justice américaine.* » Des ennuis avec la justice ? Nul ne prête vraiment attention à cette phrase. De son côté, un autre journaliste, Olivier Mazerolle, évoque sur BFM-TV le 24 mai la possibilité d'un chantage organisé pour extorquer de l'argent à Dominique Strauss-Kahn. D'autres informations passeront inaperçues en France. Elles concernent les avocats de la femme de chambre.

1. *Ibid*

Début juin, Me Shapiro se retire discrètement du dossier. Pourquoi ? Il ne le dira pas, secret professionnel oblige. Le 9 juin, le deuxième avocat de la plaignante fait de même. Me Norman Siegel est un défenseur réputé des droits civiques et des minorités. Il s'est illustré jadis à côté de la famille d'un jeune Guinéen, nommé lui aussi Diallo, tué de dix-sept balles en 1999 par des policiers new-yorkais. Contrairement à Jeffrey Shapiro, Norman Siegel est une star du barreau. A-t-il pris ombrage de l'arrivée dans le dossier de Kenneth Thompson ? Est-il en désaccord avec ce jeune avocat noir qui veut donner une tournure politique, voire raciale, à l'affaire ? Siegel aussi est tenu par le secret professionnel. Cependant les termes dans lesquels il annonce, le 9 juin, son renoncement sont d'une sécheresse éloquente : « *Je ne représente plus cette femme,* [...] *c'est tout ce que je dirai pour l'instant.* » Cette femme ? L'expression est désobligeante.

Nous pouvons révéler que, bien avant ce 9 juin, le nouvel avocat de Nafissatou Diallo, Me Thompson, a tenté d'approcher les défenseurs de Dominique Strauss-Kahn afin de négocier le retrait de la plainte en échange d'un pactole pour sa cliente. Une proposition refusée par les avocats de la défense. Est-ce parce qu'il désapprouvait cette démarche que Norman Siegel s'est retiré du dossier ? En cherchant un *bargain* – « marchandage » –, Kenneth Thompson montre qu'il ne croit guère à la possibilité de l'emporter devant un tribunal pénal.

À sa première apparition publique, le 6 juin, sur les marches du tribunal de Manhattan, il a lancé un vibrant appel à témoigner aux femmes « *de France et d'Afrique* », victimes supposées de Dominique Strauss-Kahn. Ce jour-là, l'accusé plaide non coupable. Mais des chroniqueurs dans le monde entier lui conseillent de négocier, en acceptant certains des chefs d'inculpation.

Dominique Strauss-Kahn et son épouse sont montés vers le tribunal comme à l'échafaud, au milieu d'une haie de femmes de chambre d'hôtels new-yorkais criant « *Shame on you!* » – honte à vous ! Mobilisées par leur syndicats, elles s'affirment solidaires de leur collègue du Sofitel qu'elles croient avoir été violentée. Kenneth Thompson, le nouvel avocat, veut transformer Nafissatou Diallo en symbole de toutes les femmes maltraitées. Il a sans doute déjà réalisé que le seul dossier de sa cliente ne permettra pas de faire condamner Dominique Strauss-Kahn.

Qui est vraiment Nafissatou Diallo ? Le procureur Cyrus Vance Jr, chargé pourtant de l'accusation, a lui-même dès le 1er juillet décrédibilisé la plaignante. Ses révélations sont spectaculaires. La « veuve » est mariée, du moins religieusement, à un homme emprisonné en Arizona pour trafic de drogue et détient sur un compte en banque 60 000 dollars provenant des activités illégales de son compagnon. De plus, toujours selon le procureur, elle dispose de... cinq téléphones cellulaires ! L'auteur de ce livre, informé par une source proche de l'enquête, peut aussi faire cette révélation édifiante : Nafissatou Diallo posséderait plusieurs cartes de sécurité sociale, l'équivalent de nos papiers d'identité, ce qui représenterait une grave infraction à la loi américaine !

Tout cela colle plus au profil d'un agent secret ou d'un membre de la pègre qu'à celui d'une modeste mère de famille. La personnalité trouble de Nafissatou Diallo, ses mensonges sur son passé mais aussi sur les faits eux-mêmes inciteront le tribunal pénal de Manhattan, à la demande du rigoureux procureur Cyrus Vance, à lever le 23 août 2011 toutes les charges pesant contre Dominique Strauss-Kahn. Une décision rarissime aux États-Unis dans une affaire criminelle.

Cette décision équivaut à un blanchiment sans équivoque de l'accusé. Elle signifie qu'il n'y avait pas lieu de poursuivre Dominique Strauss-Kahn et que, si un procès avait été décidé, il aurait au bout du compte été acquitté. Il est donc indécent de laisser encore planer le doute sur son innocence.

Pourquoi Nafissatou Diallo a-t-elle accusé DSK d'une tentative de viol ? A-t-elle agi seule ? A-t-elle été manipulée ? Pour essayer de répondre à ces questions, il faut revenir encore et toujours à l'intérieur de la suite 2806, le samedi 14 mai à 12 heures 06.

IV

Le secret de la suite 2806

Samedi 14 mai 2011. Dominique Strauss-Kahn se trouve depuis quelques minutes sous la douche. Il est exactement 12 heures 06, selon la clef électronique qui témoigne des allées et venues de Nafissatou Diallo. La femme de chambre pénètre alors à l'intérieur de la suite. Selon la police, son collègue du *room service*, qui en sort au même moment, lui assure que la suite est vide. D'une part, c'est faux. Il ne peut pas l'ignorer. Dans le salon où il a débarrassé le petit déjeuner, se trouvent l'imperméable de Dominique Strauss-Kahn, jeté en vrac sur un fauteuil, des papiers et documents utilisés pour la conversation avec Pierre Moscovici. D'autre part, un feu vert de l'employé du *room service* ne suffit pas. La jeune femme est-elle entrée à l'insu de son *supervisor ?* Dans cette hypothèse, la femme de chambre commet une faute professionnelle. L'employé du *room service* et le *supervisor* sont-ils les instigateurs de cette situation ? En sont-ils les complices ?

Ces questions peuvent paraître secondaires au regard du calvaire supposé d'une femme agressée sexuellement. Elles ne le sont pas pour quiconque est soucieux d'une enquête équilibrée. La police de New York, manifestement, ne les a pas posées.

Admettons que Nafissatou Diallo soit entrée par mégarde dans la 2806 à cause d'un dysfonctionnement de la chaîne d'information interne au Sofitel. Pourquoi, cependant, y vient-elle seule ? Dans la plupart des grands hôtels, l'usage veut que le ménage soit fait par deux personnes, la première s'occupant de la chambre pendant que l'autre nettoie la salle de bains. Cet usage n'est pas toujours respecté, dit-on au Sofitel, pour cause d'effectifs réduits pendant les week-ends. Il s'agit pourtant, dans le cas de la « 2806 », d'un espace de cent vingt-cinq mètres carrés ! Dernière anomalie enfin : une femme de chambre doit toujours laisser la porte ouverte en la bloquant avec le chariot contenant les ustensiles de ménage. Or Nafissatou Diallo la ferme derrière elle et s'introduit dans la chambre sans chariot.

Entrée dans une suite où elle n'aurait pas dû pénétrer, Nafissatou Diallo s'avance dans le vestibule et franchit les deux mètres qui mènent à la chambre. Dominique Strauss-Kahn se trouve encore dans la salle de bains. Avant qu'il n'en sorte, elle dispose de plusieurs secondes, voire d'une minute, pour s'apercevoir que la chambre est occupée. Le directeur général du FMI est très désordonné. Son sac de voyage et sa valise sont ouverts, ses vêtements et ses chaussures éparpillés dans la chambre. Par ailleurs, un objet ne peut passer inaperçu : il s'agit de l'appareil respiratoire dont Dominique Strauss-Kahn, qui souffre d'apnée du sommeil, a besoin certaines nuits.

Voyant toutes ces « traces de vie » au débouché du couloir, Nafissatou Diallo aurait dû rebrousser chemin immédiatement, au lieu d'entrer dans la chambre. Or elle ne le fait pas. Quelle heure est-il exactement ? 12 heures 07. Dominique Strauss-Kahn sort effectivement de la salle de bains « *nu comme un ver* », selon l'expression du porte-parole de la police, ce qui est assez banal. La suite l'est beaucoup moins. Que se passe-t-il exactement ? Dominique Strauss-Kahn, sur les conseils de ses avocats, n'a jamais livré sa version des faits. La femme de chambre, au contraire, en a donné plusieurs, toutes contradictoires. Aucune n'a paru crédible aux enquêteurs.

La dernière version en date figure dans le texte de la plainte au civil déposée par les avocats de la plaignante le 8 août 2011. En voici des extraits : « *Avant que Mme Diallo pénètre dans la chambre 2806 le jour de l'agression, elle croyait, d'après ce que lui avait dit un de ses collègues, qu'il n'y avait personne dans la chambre, et que l'occupant précédent avait quitté les lieux. Pourtant, quand elle est entrée pour vérifier que la pièce était vide, et que l'occupant avait bien quitté les lieux, le défendeur Strauss-Kahn est apparu entièrement nu et s'est jeté sur Mme Diallo qui, surprise que quelqu'un soit dans la chambre, a essayé de partir. Le défendeur Strauss-Kahn a alors commencé à agresser sexuellement Mme Diallo. Il a attrapé ses seins contre son gré et a fermé la porte de la chambre pour l'empêcher d'en sortir. Il a aussi fait plusieurs commentaires à Mme Diallo et l'a poussée dans une chambre où il a essayé de forcer Mme Diallo à lui faire une fellation, en essayant d'insérer son pénis dans sa bouche contre sa volonté. Mme Diallo a tenté de sortir de cette chambre et de se libérer de l'emprise du défendeur Strauss-Kahn, en le suppliant d'arrêter. Le défendeur Strauss-Kahn, nullement découragé par son refus d'obéir, a continué à utiliser sa force contre Mme Diallo, l'a empêchée de sortir de la suite et l'a poussée dans le couloir menant vers le fond de la suite, plus loin de la porte menant dans le hall. Le défendeur Strauss-Kahn a aussi relevé sa robe, qui fait partie de son uniforme de femme de chambre, a descendu de force son collant, le déchirant, et a saisi son vagin avec tant de force qu'il a fait mal à Mme Diallo pendant qu'il l'agressait sexuellement. En fait, pendant plusieurs jours après son agression, Mme Diallo avait mal au vagin chaque fois qu'elle urinait. Durant son agression contre Mme Diallo, le défendeur Strauss-Kahn a utilisé tant de force qu'il a causé une déchirure à l'épaule de Mme Diallo.*

Avec [...] *la confiance venue du fait qu'il avait déjà agressé sexuellement d'autres femmes dans le passé, qui ne se sont pas immédiatement manifestées, le défendeur Strauss-Kahn a forcé Mme Diallo à se rendre tout au fond de la suite, et à s'agenouiller devant la salle de bains, au fond du couloir. Dans cette partie éloignée de la suite, enfonçant son pénis dans sa bouche contre sa volonté, tenant de force l'arrière de sa tête avec ses mains et imprimant un mouvement de va-et-vient à son pénis, il lui a ordonné "suce-moi !" et a gémi jusqu'à ce qu'il éjacule dans sa bouche. Après que le défendeur Strauss-Kahn eut fini de violenter, d'humilier et de dégrader Mme Diallo, il a finalement lâché sa tête, ce qui a permis à Mme Diallo de cracher son sperme, de se lever et de fuir hors de la suite.* »

On sait aujourd'hui, par les relevés d'appels, que Dominique Strauss-Kahn téléphone à sa fille Camille à 12 heures 13, soit six à sept minutes maximum après l'entrée de Nafissatou Diallo dans la chambre. L'attaque « *sadique et violente* » contre la jeune Guinéenne, décrite par son avocat Me Thompson[1], n'a pu être réalisée en un laps de temps aussi court. Il est totalement impossible en effet qu'un homme de soixante-deux ans, peu sportif, puisse traverser en courant la suite présidentielle et en bloquer la porte pour séquestrer

---

1. *L'Express*, 17 août 2011.

une femme de trente-deux ans, plus grande que lui et apparemment très charpentée. Il est encore moins vraisemblable, car contraire aux lois de la physique, que DSK puisse, sans recours à une arme, maintenir sa « victime » agenouillée au sol, *« en tenant de force l'arrière de sa tête »* avec seulement *« ses mains »*, pour la contraindre à une fellation. Car dans ce cas, la jeune femme peut aisément se libérer en utilisant la force propulsive de ses jambes, de ses cuisses, de son bassin, bref de tout son corps qui n'est pas immobilisé par les mains de « l'agresseur ». Reste enfin l'arme de dissuasion ultime de la femme : ses dents, afin d'infliger une souffrance atroce à tout violeur potentiel.

Et l'examen médical ? Il est brandi par les adversaires de DSK comme *la* preuve irréfutable du crime. Il a été réalisé dans l'après-midi du samedi 14 mai à l'hôpital Roosevelt de New York. Qu'en ressort-il ? Le médecin constate effectivement que Nafissatou Diallo se plaint d'une inflammation au vagin et d'une douleur de faible intensité à l'épaule gauche. Pour calmer cette douleur, on lui prescrit du Tylenol, qui est un simple antalgique. Le *« déchirement de ligament à l'épaule gauche »* sera diagnostiqué quelques semaines plus tard, et seulement à l'occasion d'une IRM réalisée dans un autre établissement. Ce 14 mai 2011, le service d'aide aux victimes enregistre que Nafissatou Diallo attribue ses « souffrances mineures » selon la police à une « tentative de viol ».

Il n'a aucune raison de remettre en question la parole d'une patiente. Mais ce service médical d'urgence ne peut se substituer à une expertise judiciaire approfondie pour déterminer les causes des douleurs. Celles dont souffre Nafissatou Diallo pourraient, comme beaucoup d'autres, être compatibles avec une agression sexuelle. Mais pas seulement. Une inflammation du vagin peut provenir d'un rapport sexuel consenti et on peut se faire mal à l'épaule de diverses manières. Dans une note de bas de page de son rapport du 23 août 2011, le procureur Cyrus Vance, citant un médecin qu'il a consulté, écrit que la douleur à l'épaule de Nafissatou Diallo correspond plus vraisemblablement à des mouvements rotatifs violents faits avec les bras. Et qu'ils pouvaient être ultérieurs au 14 mai…

Pour conclure : Nafissatou Diallo et ses avocats n'ont pu fournir aucune preuve matérielle à l'appui de leurs accusations. La lutte d'une violence inouïe qu'ils décrivent entre leur cliente et Dominique Strauss-Kahn n'a laissé aucune trace, pas même une lampe de chevet brisée. La scène racontée par Nafissatou Diallo était invraisemblable. Elle n'a pas eu lieu.

Il s'est cependant passé quelque chose dans la suite 2806 du Sofitel de New York. Mais quoi ? À partir d'informations extrêmement confidentielles, issues de deux sources différentes, nous pouvons reconstituer ici les quelques minutes qui ont contribué à décapiter le FMI et à changer le cours de l'élection présidentielle française. Revenons au 14 mai à 12 heures 06 ou 12 heures 07.

V

De Feydeau à John Le Carré

Sortant de la salle de bains en tenue d'Adam, le directeur général du FMI se retrouve face à Nafissatou Diallo qu'il voit pour la première fois. La jeune Guinéenne paraît surprise, mais nullement terrifiée. DSK n'est pas bégueule. Il ne s'offusque pas de la présence incongrue de la *housekeeper* dans une suite présidentielle encore occupée. Nafissatou Diallo, traversant la chambre, se dirige vers la sortie. Mais elle ne se hâte guère. Strauss-Kahn s'en aperçoit. Il la suit du regard dans le couloir. Nafissatou Diallo se retourne. Elle le fixe droit dans les yeux. Puis elle regarde ostensiblement son sexe. La chair est faible. Dominique Strauss-Kahn a vu une proposition. La situation l'amuse. Rarement dans sa vie, il a refusé la possibilité d'un moment de plaisir. Il ne résiste pas à la tentation d'une fellation. L'acte est rapide, très rapide, « *précipité* » écrira le procureur de New York dans son rapport du 23 août 2011. Cinq à six minutes environ. À 12 heures 13, quand Dominique

Strauss-Kahn appelle sa fille Camille avec qui il doit déjeuner, Nafissatou Diallo quitte la chambre. Est-elle sortie immédiatement de la suite ? S'y est-elle attardée deux minutes supplémentaires dans le salon ou le bureau ? C'est un des mystères de la suite 2806. Ce n'est pas le seul. Dès lors qu'on exclut l'hypothèse de l'agression sexuelle, on peut s'interroger sur la nature de la relation entre le directeur général du FMI et l'immigrée guinéenne. Était-elle tarifée ? Cela ressemble à du Feydeau.

« *Vous ne l'avez pas payée ?* demande l'auteur de ce livre.

– *Non* », répond Dominique Strauss-Kahn.

Cet échange se déroule le 9 août 2011 dans le salon de la maison de Tribeca, à New York, cette prison dorée où Dominique Strauss-Kahn, auquel il est interdit de quitter le territoire américain, résidera avec son épouse Anne Sinclair jusqu'à fin août. Intrigué, l'auteur insiste :

« *Vous ne l'avez vraiment pas payée ?*

– *Je vous l'assure,* réitère DSK.

Un ami très proche confirme à l'auteur, début septembre 2011 : « *Les prostituées ? Ce n'est pas son genre. Il n'a jamais eu besoin de payer. Et puis il a une trop haute estime de lui-même. Il croit faire le bonheur de la terre entière. S'il couche avec une femme, c'est pour lui faire plaisir...* » Nul ne connaît alors les révélations issues de l'affaire dite « du Carlton ». Ces dernières années, Dominique Strauss-Kahn a participé à des soirées libertines dont certaines « invitées » étaient payées… par d'autres. Tel Monsieur Jourdain, Dominique Strauss-Kahn a consommé des prostituées sans le savoir. Mais il affirme n'avoir jamais payé directement une femme.

Le « *rapport précipité* » le plus célèbre de l'histoire aurait donc été gratuit. Sur ce plan au moins, DSK ne risque pas d'être démenti par Nafissatou Diallo. Elle ne pourrait évidemment avouer s'être livrée à la prostitution dans le cadre de son travail. Alors, quoi ? Une jeune femme de trente-deux ans peut-elle éprouver un désir soudain et désintéressé en voyant apparaître dans le plus simple appareil un homme de l'âge de son père ? Cela paraît invraisemblable… sauf à DSK. Le don Juan vieillissant manque de lucidité sur lui-même. Et porte peu d'intérêt à la femme de chambre. Lorsque Nafissatou Diallo lui propose une gâterie, il ne s'interroge pas sur les intentions de la dame. Ainsi n'envisage-t-il pas une seconde qu'elle attende de sa part une compensation financière. Si bizarre soit-elle, cette explication correspond à la personnalité égocentrique de DSK. Mais Nafissatou Diallo ? Si elle n'est pas tombée follement et subitement amoureuse de « *l'homme aux cheveux blancs* », comme elle l'appelle, pourquoi ne lui a-t-elle pas demandé d'argent ? À ce stade, deux hypothèses sont envisageables.

Première hypothèse : une employée d'hôtel, prostituée occasionnelle, ne parle pas explicitement d'argent avec son client, surtout aux États-Unis. Le risque serait trop grand si elle tombait sur un policier en civil cherchant à la piéger. Dans ce cas, Nafissatou Diallo, après s'être éclipsée discrètement une fois la relation consommée, va attendre le départ de son client, dans une suite voisine, en l'occurrence la « 2820 ».

Peu après, Nafissatou Diallo retourne dans la suite présidentielle, comme l'attestent les clefs électroniques. Elle viendrait y recueillir les quelques centaines de dollars qu'elle attend du client en échange de sa « prestation ». Or, ne trouvant pas un sou dans la chambre 2806, la jeune Guinéenne, humiliée, serait ivre de rage.

Dans cette hypothèse, Nafissatou Diallo assimilerait de bonne foi la relation consentie mais non payée à un viol. Se sentant moralement dans son droit, elle déciderait de se venger de cet homme puissant et riche qui l'a ainsi méprisée. Ses larmes, ses hurlements, à la fois sincères et sur-joués parviennent à berner le personnel du Sofitel, puis les policiers qui accourent et enfin le médecin qui l'examine à l'hôpital. Cette hypothèse d'une femme agissant sous le coup de la colère a été émise par des journalistes comme par des proches de DSK. Elle se heurte pourtant à plusieurs objections.

La première d'entre elles est le caractère supposé « implicite » de la prostitution. Il est peu crédible. Il peut certes arriver qu'une prostituée occasionnelle n'évoque pas sa rémunération avant le début de la relation. Mais, une fois l'acte entamé et surtout lorsqu'il est achevé, elle demande son dû. La prostitution n'est pas la charité et, même dans les hôtels où sa pratique est risquée, on ne fait pas dépendre sa rémunération de la seule générosité du client. Quatre fois sur cinq, le résultat décevrait. Cette thèse d'une « prostitution au pourboire » serait plausible dans le cas d'une jeune fille timide. Elle ne colle pas avec ce qu'on sait maintenant de la personnalité de Nafissatou Diallo. Et si son but n'avait pas été le gain immédiat d'une simple « passe » ? Pour répondre à cette interrogation, étudions son comportement après la fin de sa brève relation avec DSK.

Nafissatou Diallo s'est beaucoup contredite à propos de son emploi du temps après la « *tentative de viol* » qu'elle dit avoir subie. Premier récit, le 18 mai 2011, devant le grand jury du tribunal pénal de Manhattan. La plaignante raconte que, s'enfuyant terrifiée de la suite 2806, elle s'est cachée dans un local du vingt-huitième étage jusqu'au départ de son « agresseur ». Quelques semaines plus tard, les clefs électroniques invalident ce récit. Elles prouvent la présence de la femme de chambre dans une autre suite, proche de celle de DSK, la 2820. Pour se justifier, Nafissatou Diallo affirme alors s'y être occupée pendant une dizaine de minutes à « *faire le ménage* », tout en sanglotant, dans l'attente du départ du directeur général du FMI. Cette deuxième version paraît totalement fantaisiste. Et pour cause ! Les clefs électroniques témoignent que Nafissatou Diallo s'était déjà rendue à trois reprises dans la suite 2820, entre 10 heures et midi, avant sa rencontre avec Dominique Strauss-Kahn ! Cette révélation pose de nouvelles questions.

- Quelle est donc cette chambre qui nécessite qu'on s'y reprenne à quatre fois, et pendant deux heures, pour la nettoyer ?

- Si le ménage n'y est pas terminé à 12 heures 06, pourquoi la femme de chambre la quitte-t-elle pour se rendre dans celle de DSK ?

- La suite 2820 est-elle occupée quand la femme de chambre s'y rend plus tôt dans la matinée ?

- Qui est l'occupant de la suite 2820 ?

Contacté successivement par l'auteur et par le journaliste américain Edward Epstein, grand spécialiste des affaires criminelles, le directeur du Sofitel de New York, M. Jorge Tito, a refusé de répondre. Depuis le début de l'affaire, il oppose une fin de non-recevoir à tous les journalistes et interdit à son personnel de leur parler. Il ne s'est pas montré plus coopératif avec les enquêteurs dépêchés par les avocats de Dominique Strauss-Kahn. Dans un courriel envoyé le 28 octobre au service de presse du groupe Accor, l'auteur a posé dix questions essentielles. Le 3 novembre, la responsable de la communication du groupe Accor, Mme Charlotte Thouvard, oppose une fin de non-recevoir à toutes les questions posées par l'auteur au nom de « *la confidentialité vis à vis de nos clients et de nos collaborateurs.* » Dommage. Il est pourtant de la plus haute importance de connaître l'identité de l'éventuel occupant de la chambre 2820. Était-il un client ordinaire ou un complice éventuel avec qui Nafissatou Diallo aurait pu se concerter ? L'absence de réponse à ces questions ouvre la voie à toutes les suspicions. Si Nafissatou Diallo disposait d'un complice dans l'hôtel, agissaient-ils tous deux à l'insu de la direction du Sofitel ou avec son accord ?

Pour y voir clair, il faudrait, par exemple, connaître l'identité de la personne qui est entrée dans la chambre de DSK, en son absence, dans la soirée du vendredi, au moyen d'une clef électronique appartenant à un employé ne travaillant pas ce jour-là. Il faudrait aussi savoir pourquoi un ingénieur, chargé entre autres tâches de la vidéo-surveillance de l'hôtel, s'est rendu à deux reprises dans la chambre 2806 juste après le départ de DSK[1]. En l'absence de réponse de la part du groupe Accor, l'auteur en vient à poser une question. Cet ingénieur chargé de la vidéo-surveillance serait-il venu pour faire disparaître, avant l'arrivée de la police, une ou plusieurs caméras installées là antérieurement, afin d'espionner l'hôte de la suite présidentielle ? Dans ce cas, l'affaire serait gravissime.

1. Selon un témoin proche de l'enquête.

On l'a dit, jamais au grand jamais la *maid* n'aurait dû se retrouver face à « *l'homme aux cheveux blancs* » à l'instant exact où il sort de la douche. Leur rencontre, si elle ne relève pas d'un concours de circonstances improbable, serait donc le fruit d'un plan délibéré. Des caméras étaient-elles installées à l'intérieur de la suite 2806 ? Cela ressemblait à du Feydeau. Mais cela pourrait être du John Le Carré.

Le doute est renforcé par le comportement de Nafissatou Diallo. Son regard suggestif et son peu d'empressement à quitter la chambre, où sa seule présence constitue une faute professionnelle. Ce comportement incite à penser qu'elle connaît le point faible de Strauss-Kahn, son appétit pour la chair féminine. Doit-on en conclure qu'elle est entrée dans sa chambre uniquement pour le compromettre dans une tentative de viol ? C'est une hypothèse. Mais il y en a d'autres.

VI

À LA RECHERCHE DU PORTABLE PERDU

Ce 14 mai 2011, rappelons-le, Dominique Strauss-Kahn croit avoir égaré son téléphone portable du FMI. Il contenait des informations économiques de haute importance, destinées notamment à préparer l'entretien du 15 mai avec Angela Merkel et celui du 16 avec les ministres des Finances de l'Union européenne. Existe-t-il un rapport entre la disparition de ce portable et la présence de Nafissatou Diallo dans la suite 2806 ? Cette question n'a jamais été posée. Nous l'abordons avec des éléments totalement inédits, après une enquête rigoureuse qui n'évacue aucune piste. Ce portable extrêmement sensible a très vraisemblablement disparu dans la suite 2806 du Sofitel occupée par Dominique Strauss-Kahn le samedi 14 mai.

Grâce aux relevés d'appels téléphoniques, nous pouvons affirmer que Dominique Strauss-Kahn a utilisé son portable FMI à plusieurs reprises durant la matinée du 14 mai, notamment pour discuter avec Pierre Moscovici pendant le petit déjeuner. À 11 heures 38, heure de New York, il reçoit un dernier appel d'Anne Sinclair sur le numéro du FMI. Cet appel dure douze minutes. Dominique Strauss-Kahn est donc encore en possession de ce portable à 11 heures 50, peu avant d'entrer dans la salle de bains. Pour appeler sa fille Camille à 12 heures 13, il utilise une dernière fois pendant 35 secondes son téléphone du FMI. À cet instant, Nafissatou Diallo n'est plus dans la chambre. Est-elle sortie immédiatement de la suite ? Ce n'est pas sûr. S'y est-elle attardée deux minutes supplémentaires dans le salon ou dans le bureau ? Une de ses déclarations aux enquêteurs incite à le penser. Et, dans ce cas, pour quoi faire ? Attendre que DSK retourne dans la salle de bains ? Et, pendant ce temps, dérober le téléphone du FMI ? Le cacher pour revenir le chercher après le départ du client ? À 12 heures 18, DSK, selon nos informations, n'est peut-être plus en possession du portable du FMI. Quelques minutes plus tard, quand il sort de l'hôtel, tout indique qu'il ne l'emporte pas avec lui. L'étude complète de tous les relevés téléphoniques de DSK et de ses proches confirme qu'il ne l'utilisera plus après 12 heures 13, soit juste après la fin de sa relation avec Nafissatou Diallo. Après que Dominique Strauss-Kahn a quitté l'hôtel à 12 heures 31 pour aller déjeuner avec Camille, celle-ci cherche à le joindre à plusieurs reprises dans le taxi qui le mène chez McCormick and Schmick's. Ce restaurant de poisson se trouve sur la 52e rue, soit à seulement huit blocs de l'hôtel Sofitel. Mais le taxi est bloqué dans les embouteillages. Il y a une fête sur la Sixième avenue et Dominique Strauss-Kahn finit le trajet à pied. La jeune fille s'impatiente. Ses appels sur le portable du FMI entre 12 heures 18 et 12 heures 51 restent sans réponse. Arrivé au restaurant, Dominique Strauss-Kahn se laisse « confisquer » son imperméable par sa fille. Le temps est compté et Camille veut profiter de son père qu'elle ne voit pas souvent. Pour éviter d'être dérangée pendant le repas, elle roule en boule l'imperméable paternel censé contenir les téléphones dans ses poches, le pose sur une banquette contre le mur, à quelques mètres de la table où elle déjeune assise à côté de son père et face à son *boy friend* Pierce. Vers 14 heures 30, quand Dominique Strauss-Kahn est dans le taxi qui le mène à l'aéroport, il cherche son portable du FMI dans ses poches, réflexe normal de sa part. Il ne le trouve pas. Il appelle alors Camille avec son téléphone personnel. La jeune fille retourne immédiatement au restaurant, pour chercher le portable du FMI. Elle interroge les serveurs, regarde sous la banquette où était posé l'imperméable de son père. Impossible de mettre la main sur le téléphone.

Nous ne devons cependant écarter aucune hypothèse. Les moins probables :

– Dominique Strauss-Kahn a oublié son BlackBerry sur la banquette du taxi qui le mène au restaurant. Même si l'homme est distrait, la probabilité est infime concernant un objet indispensable à son travail, d'autant que les relevés d'appels indiquent qu'il ne s'en est pas servi durant ce trajet en voiture.

– Le portable de Dominique Strauss-Kahn a glissé de son imperméable au restaurant. Et quelqu'un, serveur ou client, le vole pendant les quelques minutes séparant la fin du déjeuner et le retour de Camille pour tenter de le récupérer.

L'hypothèse la plus probable : Dominique Strauss-Kahn n'a pas emporté ce précieux portable du FMI en quittant l'hôtel. Cette hypothèse coïncide d'une certaine manière avec la première version officielle de la police de New York, relayée par les médias du monde entier. « *Il* [DSK] *s'est enfui en laissant son portable* », déclare le commissaire-adjoint Browne, dans la soirée du 14 mai. Elle fut cependant démentie quarante-huit heures plus tard par un porte-parole de la police de New York : Dominique Strauss-Kahn, fait savoir ce porte-parole, n'a pas égaré son portable, il l'a en réalité rangé dans une poche de son imperméable. Dans ce cas où est-il passé ? Lorsque DSK est arrêté, toutes ses affaires sont saisies, vêtements, papiers, argent. Toutes lui seront rendues les 26 et 27 août, dans la foulée du non-lieu prononcé par la justice américaine. Il ne manquera à l'appel que… 1 500 dollars en liquide, des devises étrangères rapportées de tous les pays visités par le directeur général du FMI. Et son précieux portable ! L'argent sera retrouvé deux mois plus tard dans un coffre où il avait été rangé par la justice américaine. Mais le téléphone est toujours porté disparu. Erreur ou manipulation ? À ce stade, trois hypothèses sont envisageables :

– La police américaine, après avoir récupéré le portable dans la chambre, l'aurait égaré ;

– un des policiers arrivés sur les lieux l'aurait volé pour son propre compte ;

– le portable aurait été dérobé à l'intérieur même de la chambre d'hôtel, avant que la police n'y pénètre dans l'après-midi.

Dans ce dernier cas de figure, il n'existe, selon les clefs électroniques, que deux personnes en mesure d'avoir volé le portable de DSK : Nafissatou Diallo et un inconnu, peut-être un ingénieur chargé de la vidéo-surveillance qui s'est introduit dans la chambre entre le départ de DSK et l'arrivée de la police

Ces deux personnes ont-elles agi de concert ? Difficile de l'affirmer avec certitude. Mais il apparaît possible que le directeur général du FMI ait été espionné à l'aide d'une caméra installée dans sa chambre d'hôtel, dans le dessein éventuel de lui dérober un téléphone portable qui pouvait être considéré, à tort ou à raison, d'une grande valeur marchande. Il s'agit évidemment d'une hypothèse. Et l'auteur n'entend pas incriminer collectivement l'hôtel Sofitel ou la police de New York. Mais cette hypothèse du vol du téléphone éclaire d'un autre jour les événements du Sofitel.

Si le téléphone est l'objectif, pourquoi l'accusation de viol ? Risquons une nouvelle hypothèse : la femme de chambre est chargée de distraire Dominique Strauss-Kahn. Il s'agit de créer une situation permettant de neutraliser le directeur général du FMI. Comment pourrait-il accuser la femme de chambre de vol dès lors qu'il aurait laissé du sperme sur sa blouse ? Cette relation sexuelle qui met hors-jeu la victime du vol pourrait aussi avoir été improvisée. C'est une autre hypothèse, où Nafissatou Diallo, occupée à fouiller dans la chambre, est surprise quand DSK sort de la douche plus tôt que prévu. Elle comprend alors qu'il pourra l'incriminer lorsqu'il s'apercevra de la disparition de son téléphone. Tandis qu'elle se dirige vers la sortie, germe en elle l'idée d'une relation sexuelle qui empêcherait Dominique Strauss-Kahn de la poursuivre pour indélicatesse. L'accusation de viol était-elle prévue ? Ou improvisée ? Les éventuels voleurs cherchaient-ils seulement le portable du FMI ou également l'appareil personnel de DSK, pour obtenir des informations sur sa vie privée ? Est-ce pour récupérer le téléphone, caché dans la suite, que Nafissatou Diallo est retournée dans la « 2806 » juste après le départ de DSK ? Toutes ces hypothèses sont envisageables. Deux choses toutefois sont sûres : la disparition du portable et la fausse accusation de tentative de viol. Et une évidence s'impose : Dominique Strauss-Kahn, pour un plaisir furtif, peut jouer à la roulette russe, ou plutôt guinéenne, sa réputation, sa vie, celle de sa famille et les espoirs placés en lui par des millions de Français.

Une scène, que nous révélons ici en exclusivité, illustre l'insoutenable légèreté de Dominique Strauss-Kahn. Il est 12 heures 24, ce samedi 14 mai dans le couloir du vingt-huitième étage. Quittant sa chambre, DSK croise Nafissatou Diallo. Il tire une petite valise à roulettes. Elle pousse son chariot. « *Hello !* lui lance-t-il, tout en faisant un geste de la main. Elle lui répond du regard. Dominique Strauss-Kahn vient de perdre, non seulement la direction du FMI, mais aussi toutes ses chances de participer à la prochaine élection présidentielle.

VII

L'ombre d'un complot

Dimanche 15 mai. Les Français, tétanisés, n'en croient ni leurs yeux ni leurs oreilles. Jamais depuis Philippe Pétain – accusé de trahison nationale ! – ils n'ont vu un homme politique de premier plan en état d'arrestation. Ils n'en ont surtout jamais vu aucun menotté comme un voyou, encadré par deux policiers. Ils vivront ce 15 mai comme une sorte de 11 septembre 2001. *Le Journal du Dimanche* a dû changer sa une en catastrophe. Elle annonçait un nouveau sondage, confirmant Strauss-Kahn grand favori de la présidentielle, malgré la percée de François Hollande. Le temps de vérifier l'incroyable nouvelle venue d'outre-Atlantique, DSK passe d'un coup de la rubrique politique à celle des faits divers.

« *Les nouvelles qui nous parviennent de New York depuis cette nuit sonnent à l'évidence comme un coup de tonnerre* », déclare Martine Aubry. La première secrétaire du PS a été informée quelques heures plus tôt dans un restaurant de Lille, où elle fêtait avec des amis la victoire du club de sa ville en finale de la Coupe de France de football. Les amis de DSK connaissent, et depuis longtemps, son goût revendiqué pour la gent féminine. Mais aucun ne l'imagine capable de violence.

« *Ça paraît tellement gros...* » lâche, incrédule, sur Europe 1, le député socialiste François Pupponi, successeur de Dominique Strauss-Kahn à la mairie de Sarcelles. La bouche pâteuse, le teint blême, les socialistes français, souvent réveillés en plein sommeil par des journalistes, sont sidérés.

« *Cette affaire ne ressemble en rien à l'homme que nous connaissons* », affirme le député de Paris et ami de DSK, Jean-Marie Le Guen, qui réagit le premier sur Europe 1. « *Nous souhaitons tous que ce ne soit pas vrai* », déclare sur Canal Plus François Hollande, candidat à la primaire socialiste pour la présidentielle de 2012. De son côté, l'ancien ministre Jack Lang refuse de croire « *à la véracité des faits rapportés au sujet de Dominique Strauss-Kahn* ». Tout comme l'ancien Premier ministre Laurent Fabius, alors que Ségolène Royal, autre candidate à la primaire, parle sur Europe 1 d'« *une nouvelle bouleversante à propos de laquelle tout reste à vérifier* ». Le député de Paris Jean-Christophe Cambadélis, autre proche de DSK, met en garde : « *Je me souviens encore trop de l'affaire Patrice Alègre ou, dans un autre registre, de celle de l'espionnage de Renault où des innocents ont été accusés à tort.* » Interrogé sur RTL le lundi 16 mai au matin, Manuel

Valls, député de l'Essonne, insiste sur la « *cruauté insoutenable des images diffusées par la police de New York.* [...] *Cela fait près de trente ans que je fais de la politique, mais je n'ai jamais vu cela et je n'ai jamais ressenti cela.* [...] *J'avais les larmes aux yeux.* »

À droite, on est loin de partager l'émotion des socialistes. En privé, beaucoup de responsables UMP ne cachent pas leur satisfaction de voir éliminé miraculeusement le favori de la gauche à la prochaine élection présidentielle. Mais le porte-parole du gouvernement français, François Baroin, appelle sur France 2 à « *une extraordinaire prudence* ». En revanche, Bernard Debré, député UMP de Paris, surprend par la violence de ses propos, qualifiant DSK d'« *homme peu recommandable* ». « *C'est humilier la France que d'avoir un homme qui soit comme lui, qui se vautre dans le sexe et ça se sait depuis fort longtemps*, affirme-t-il sur Europe 1. [...] *Bien sûr il y a la présomption d'innocence, mais bon, quand même, vous croyez que la police serait venue le chercher dans l'avion d'Air France, un homme comme lui ? Je trouve cela misérable et humiliant pour notre pays.* »

Premier membre du gouvernement à réagir à titre personnel, le dimanche 15 mai, Pierre Lellouche, secrétaire d'État chargé du Commerce extérieur, se montre nettement plus mesuré. Il fut l'adversaire de DSK qu'il a affronté victorieusement dans le Val d'Oise aux élections législatives de 1993. Et il ne l'enfonce pas. Interrogé sur i-Télé, il déclare : « *Je connais bien les États-Unis pour y avoir vécu. C'est un pays très rigoriste dans ce genre d'incriminations, qui sont même parfois utilisées dans le débat politique.* [...] *Il faut accorder à DSK la présomption d'innocence, laisser faire la procédure. Si tout cela se confirme, c'est accablant. Sinon, voilà...* » La ministre de l'Écologie Nathalie Kosciusko-Morizet s'exprime, elle, de manière plus hostile à DSK : « *Il faut redire que les faits sont très graves, on a tendance en France à traiter ça un peu à la légère.* [...] *Je fais confiance à la justice américaine,* [...] *c'est tellement français de voir des complots partout, c'est quelque chose, je crois, qui est dans notre culture.* » Vous avez dit complot ?

Dès l'annonce de l'arrestation de DSK, l'idée d'un piège traverse tous les esprits. Et pas seulement à gauche. Christine Boutin, la présidente du Parti chrétien-démocrate, s'interroge publiquement : « *Il peut y avoir beaucoup d'origines à ce piège. Ça peut venir du FMI, ça peut venir de la droite française, ça peut venir de la gauche française. Mais si c'est le cas, jouer avec l'image de la France comme cela n'est pas acceptable.* » Du côté du Parti radical, Dominique Paillé, l'ancien porte-parole de l'UMP, abonde dans le même sens : « *Il est tout à fait envisageable qu'il puisse être tombé sur une peau de banane qu'on lui aurait mise sous la chaussure. S'il est tombé sur cette peau de banane, c'est qu'on savait qu'il avait une vulnérabilité. Et quand on s'apprête à être candidat à la candidature à la présidence de la République française, on se met à l'abri de telles vulnérabilités.* » Michèle Sabban, vice-présidente socialiste de la région Ile-de-France, affirme tout haut ce que pensent tout bas beaucoup de proches de Dominique Strauss-Kahn : « *Je suis convaincue d'un complot international. C'est le FMI qu'on a voulu décapiter et pas tant le candidat à la primaire socialiste.* [...] *C'est l'homme le plus puissant après Obama,* [...] *c'est une nouvelle forme d'attentat politique.* [...] *Il était attendu en Tunisie à la fin du mois, où il devait faire des propositions pour que la révolution soit effective. D'autres pays, la Grèce, l'attendaient avec espoir.* [...] *On a voulu bloquer le FMI. On est dans la finance internationale...* » Correspondante de l'AFP à Athènes, la journaliste Isabel Malsang explique le 16 mai la principale conséquence de l'affaire du Sofitel : « *Le gouvernement grec perd un allié de poids à un moment crucial face à Berlin, la City et Wall Street qui poussent Athènes à procéder à une restructuration dure de la dette du pays.* [...] *Le patron du FMI a, en 2010, obligé l'Europe à vaincre ses querelles pour sauver la Grèce de la faillite et éviter alors une probable explosion de la zone euro, en échange de mesures d'austérité drastiques. Dimanche, M. Strauss Kahn, arrêté par la police new-yorkaise pour agression sexuelle, a raté un rendez-vous crucial qui devait être consacré à la Grèce, avec la chancelière allemande Angela Merkel, for-*

tement réticente l'an dernier à mettre la main au portefeuille pour aider Athènes et maintenir l'unité de la zone euro. [...]

« Parfaitement germanophone, le patron du FMI avait fini l'an dernier par trouver un accord avec la chancelière, en contrepartie d'une participation à l'effort du FMI, qui a mis sur la table 30 milliards d'euros pour aider la Grèce, le plus gros prêt jamais débloqué par l'institution. »

En Grèce, l'arrestation de DSK est vécue comme une catastrophe. « *La femme de chambre bloque la Grèce* », titre en une *Elefthérotypia*, un journal de gauche, habituellement très critique à l'égard du FMI. Il prédit désormais « *une ligne plus dure du FMI envers la Grèce* ».

Le mardi 17 mai, un sondage CSA pour BFM-TV, RMC et *20 Minutes* révèle que 57 % des Français envisagent la thèse d'un complot. Le nombre s'élève à 70 % parmi les sympathisants socialistes. Le quotidien *Libération* accrédite cette thèse en racontant un déjeuner avec des journalistes, trois semaines plus tôt : « *DSK se met à imaginer une femme à qui on promettrait 500 000 ou un million d'euros pour raconter que je l'ai violée dans un parking.* »

Bientôt, les médias dans leur ensemble vont tourner en ridicule tout ce qui ressemble de près ou de loin à une « théorie du complot » qu'aucun élément matériel ne vient étayer.

Comment imaginer que Dominique Strauss-Kahn puisse être innocent ? La police de New York et le procureur Cyrus

Vance Jr, un démocrate, membre de la haute société protestante et fils d'un ancien secrétaire d'État de Jimmy Carter, auraient-ils pris sans preuve le risque d'arrêter l'un des hommes les plus puissants de la planète ? Le dossier semble en béton. Or il est en porcelaine.

VIII

Sexe, mensonges, vidéos et manips...

Durant la journée du dimanche 15 mai, des révélations tombent en cascade. On apprend que des « griffures » attestant une lutte au corps à corps auraient été trouvées sur le torse de DSK, ainsi que des traces de son ADN sur la jeune femme. Faux ! On n'établira jamais la moindre trace de violence émanant du client sur la femme de chambre. Quant à l'ADN, ce qui est dit alors est inventé. Une trace du sperme de DSK se trouve bien sur la blouse de Nafissatou Diallo. Mais à cette heure, il n'en existe aucune preuve. Il faut, en effet, plusieurs semaines d'expertises et contre-expertises pour obtenir des résultats incontestables. Peu importe aux accusateurs. Ils sont pressés.

Un porte-parole de la police fait savoir qu'une caméra vidéo placée dans le couloir montre la femme de chambre sortant paniquée de la suite de DSK, puis que les caméras de surveillance ont filmé l'homme politique quittant l'hôtel « *stressé* », voire « *paniqué* ». Erreur ou manipulation ?

En réalité, comme il n'existe pas de caméra vidéo dans le couloir du vingt-huitième étage, aucune image ne peut montrer la femme de chambre paniquée. Nous pouvons cependant, grâce à des sources proches de l'enquête et à des collègues de la femme de chambre rencontrés à New York, reconstituer précisément l'emploi du temps de Nafissatou Diallo dans les heures suivant la supposée agression. Après avoir croisé Dominique Strauss-Kahn vers 12 heures 24 ou 12 heures 25 dans le couloir du vingt-huitième étage, elle retourne pendant quelques minutes dans la suite 2806. C'est ensuite, semble-t-il, qu'elle signale son « agression » à une surveillante. L'incident est enregistré par la direction de l'hôtel à 12 heures 38. Dans quel état se trouve alors Nafissatou Diallo ? Ses avocats la décriront comme une femme détruite, incapable pendant des heures de surmonter sa souffrance morale et physique. Il s'agit là encore d'un énorme mensonge ! L'auteur de ce livre peut le prouver. Les images des caméras de surveillance de l'hôtel Sofitel, qu'il a visionnées en exclusivité, contredisent totalement la version de l'accusation.

À 12 heures 51, soit treize minutes seulement après l'enregistrement de « l'incident » avec Dominique Strauss-Kahn, Nafissatou Diallo, dans sa tenue de travail, arrive dans le hall de l'hôtel, accompagnée d'une femme, probablement une *supervisor.* Elle passe devant la réception. Ce qui frappe ? Son apparence très décontractée. Évidemment, nul ne peut préjuger du comportement d'une femme qui vient d'être agressée sexuellement. Certaines, sous le choc, intériorisent leur souffrance, comme le font parfois les personnes frappées par le décès d'un proche. Le problème est néanmoins que ses avocats ont décrit une Nafissatou Diallo hurlant de douleur. Aucune image ne l'atteste dans les trois heures qui suivent.

À 12 heures 53, Nafissatou Diallo arrive dans un couloir menant apparemment vers un local technique réservé au personnel. Situé au rez-de-chaussée, il donne sur la rue qu'on distingue à travers une porte-fenêtre. Contre un mur, sont entreposés deux lits pliants. Nafissatou Diallo est toujours accompagnée de sa collègue.

À 12 heures 54, les deux femmes sont rejointes par un homme grand et fort, qui paraît environ la cinquantaine. Il est en costume cravate. Est-il un responsable de l'hôtel ? Peut-être. Mais ce n'est pas le directeur Jorge Tito. Une autre femme arrive. Nafissatou Diallo, incroyablement décontractée, arrange ses cheveux et commence à discuter avec la nouvelle venue. Il est 12 heures 56, soit vingt-deux minutes après l'enregistrement de « l'incident » par la direction de l'hôtel Sofitel. Nafissatou Diallo va rester dans ce couloir jusqu'à 13 heures 29. Pendant ces trente-trois minutes, elle se tient debout face à une femme plus petite qu'elle, et chaussée de lunettes. S'agit-il de la surveillante qui aurait recueilli le récit de « l'agression » ? Postée dans un renfoncement, une sorte de guérite, qui la rend peu visible, elle paraît prendre en notes les propos de Nafissatou Diallo. Faute de son, on ne peut en connaître la teneur. Mais Nafissatou Diallo, sur ces images, n'apparaît aucunement « effondrée ». Au contraire. Se tenant droite, l'air toujours décontracté, nullement affecté, elle parle beaucoup avec ses mains, avec des gestes amples qu'elle déploie de l'intérieur vers l'extérieur pour appuyer son récit. Aucun de ces gestes ne semble décrire des actes violents. Autre fait étonnant : Nafissatou Diallo ne s'interrompt pas lorsque des collègues passent dans le couloir, de temps à autre, affairées à porter du linge, sans prêter attention à son récit évoqué à voix haute. En serait-il de même si elles entendaient la description de la scène affreuse censée s'être déroulée dans la suite 2806 ? Enfin, aucune de ces collègues n'adresse à la « victime » le moindre signe de réconfort ou de compassion. Il est vrai que Nafissatou Diallo de son côté ne paraît pas en souffrance. Le plus curieux réside dans la situation : il est peu logique, et même indécent, d'écouter la victime d'une agression sexuelle dans un couloir. Il eût paru normal de s'isoler avec elle, pour lui permettre de parler en toute discrétion.

À 13 heures 30, l'entretien semble s'achever. D'autres images nous montrent Nafissatou Diallo se déplaçant dans un autre lieu, suivie d'une femme plus petite portant un chignon et d'un homme d'assez grande taille. On aperçoit une pièce où sont entreposés des plateaux vides de petits déjeuners. Nafissatou et l'autre femme disparaissent un instant de l'image. Sont-elles entrées dans un bureau ? Sont-elles allées voir un responsable de l'hôtel ? Impossible à dire. Mais ce déplacement coïncide avec une décision importante : à 13 heures 32, la direction de l'hôtel appelle la police.

Comment la décision a-t-elle été prise ? Sur la base du seul récit de Nafissatou Diallo à une *supervisor* au milieu d'un couloir ? Officiellement, la direction du Sofitel de New York n'a pas alerté sa hiérarchie avant de prévenir la police... Étant donné le caractère mondial du groupe Accor, avec les décalages horaires qui en découlent, un directeur d'hôtel peut théoriquement prendre seul une telle décision en cas d'extrême urgence. Or la situation de Nafissatou Diallo, comme nous venons de le voir, ne relève d'aucune urgence. Sinon la police aurait été appelée immédiatement. Entre l'enregistrement de l'incident à 12 heures 38 et l'appel à la police à 13 heures 32, cinquante-quatre minutes se sont écoulées durant lesquelles la direction du Sofitel de New York a mûri sa décision. Cette maturation est-elle le fruit de discussions avec les syndicats particulièrement puissants au Sofitel de New York ? Ou avec d'autres interlocuteurs, politiques ou policiers, français ou étrangers, attachés à la perte de DSK ?

Depuis le 14 mai, pour éviter tout questionnement, le groupe Accor a solidement verrouillé portes et fenêtres. Mais, selon des cadres supérieurs de l'entreprise, interrogés par l'auteur, il s'est produit ce jour-là un grave dysfonctionnement. Depuis décembre 2004, où la direction d'Accor à Paris s'était montrée incapable de répondre aux familles de clients victimes du tsunami dans l'océan Indien, des procédures très précises ont été mises en place. Dès qu'un incident grave intervient concernant un hôtel Accor n'importe où dans le monde, une cellule de crise se met en place, prête à réagir afin de préserver l'image du groupe. Cette cellule est notamment constituée de la directrice de la communication et des relations extérieures Agnès Caradec, de la responsable des relations institutionnelles Anne Clerc et, surtout, du directeur de la gestion des risques Xavier Graff, qui doit être le premier prévenu. Ces trois personnes sont joignables sur leur portable à tout moment. Il est 18 heures 38 à Paris lorsque l'incident est enregistré au Sofitel de New York. Or aucune des trois personnes n'est appelée, pas plus qu'Erik Anderouard, le directeur des Sofitel pour les États-Unis, ni Denis Hennequin, le président d'Accor. Et ce officiellement durant plusieurs heures.

Pendant ce temps-là, les policiers arrivent à l'hôtel. Il est 13 heures 38 à New York. Ils sont venus en six minutes seulement du commissariat de Broadway situé à quelques centaines de mètres. Mais il se produit alors un nouveau flottement. Les policiers ne rencontrent pas immédiatement la « victime ». Pendant une demi-heure, assise sur un banc, toujours dans le même couloir, Nafissatou Diallo semble s'ennuyer. De temps à autre, elle discute avec une collègue qui passe par là. Parfois, elle se lève et ouvre la porte-fenêtre qui donne sur la rue, regardant à l'extérieur comme si elle attendait quelqu'un. À 14 heures 05, deux femmes policiers arrivent dans le couloir, conduites par quatre ou cinq personnes, probablement membres du personnel ou de la direction de l'hôtel. Nafissatou Diallo disparaît du champ des caméras. Son audition commence vers 14 heures 10 selon une source, pas avant 14 heures 30 selon une autre. Pourquoi des policiers appelés par le numéro d'urgence ne se sont-ils pas précipités pour entendre immédiatement la femme de chambre ? Ont-ils jugé utile d'alerter leurs supérieurs ? Le directeur de la police de New York s'appelle Raymond Kelly. Nommé à la tête du NYPD quelques mois après les attentats du 11 septembre 2001, « Ray » Kelly est très populaire et respecté pour son action contre le terrorisme. Sous son égide, le NYPD a entamé une coopération étroite anti-terroriste avec le ministère français de l'Intérieur, dirigé principalement entre 2002 et 2007 par Nicolas Sarkozy[1]. « Ray » Kelly, contrairement

1. Avec une interruption d'un an, Nicolas Sarkozy étant ministre de l'Économie et des Finances entre 2004 et 2005.

à la plupart des Américains, connaît et apprécie la France. Il a pris pour consultant en matière de terrorisme le criminologue français Alain Bauer, conseiller de Nicolas Sarkozy pour la sécurité. Entre « Ray » et « Nicolas » existent des liens d'amitié. Et une estime réciproque. Des policiers new-yorkais ont été affectés en permanence à Paris dans le cadre de la lutte antiterroriste. Et l'actuel président français, alors ministre de l'Intérieur, a couru le marathon de New York en arborant un tee-shirt du NYPD. En 2006, il a remis la Légion d'honneur à son ami américain, lors d'une cérémonie au consulat de France à New York. Et l'on dit que chacun d'eux possède le numéro du portable personnel de l'autre.

Raymond Kelly a aussi un autre ami à Paris, Émile Pérez. Cet ancien attaché de la police française pour les États-Unis, installé à Washington de 1997 à 2001, est actuellement chef du service de la coopération technique internationale au ministère de l'Intérieur. Émile Pérez prétend n'avoir été informé de l'arrestation de DSK qu'à 1 heure du matin à Paris, par un SMS en anglais de son attaché de sécurité intérieure. Il aurait ensuite échangé des messages avec Frédéric Péchenard, directeur général de la police nationale. Interrogé par le député socialiste Jean-Jacques Urvoas, il répond que son amitié pour « Ray » Kelly l'a justement conduit à la plus grande prudence. Craignant un soupçon de connivence, il se serait bien gardé de tout contact téléphonique avec le chef des policiers new-yorkais. Vrai ? Faux ? Quels que soient leurs liens d'amitié, on ne voit pas le patron du NYPD prendre des ordres auprès d'un responsable de la police française et encore moins auprès du président de la République. On peine cependant à imaginer que des autorités françaises n'aient pas été informées le plus tôt possible des mésaventures de DSK au Sofitel de New York. Par des canaux parallèles et discrets ? Ce serait logique et conforme aux confidences de certains policiers français.

Il est 15 heures 03 à New York, 21 heures 03 à Paris. L'interrogatoire de Nafissatou Diallo s'achève. Officiellement, aucun responsable, policier ou politique, en France ou aux États-Unis ne sait rien de ce qui se passe au Sofitel de Manhattan. Il est tout à fait possible que la femme de chambre soit parvenue à convaincre ses interlocuteurs. À 15 heures 19, Nafissatou Diallo marche d'un pas alerte dans un couloir, accompagnée par trois policiers. Au passage, elle salue un collègue et lui donne un objet qui tient dans la main. Est-ce un téléphone portable ? Celui qui aurait été dérobé à DSK ? L'image n'est pas assez nette pour le dire. Dans les minutes qui suivent, Nafissatou Diallo va se changer. Les policiers l'attendent dans le couloir au milieu d'un groupe de femmes de chambre. À 15 heures 28, elle revient, vêtue d'une jupe élégante. Elle ouvre à nouveau la porte-fenêtre et regarde dans la rue comme si cette fois encore, elle attendait quelqu'un. Elle va partir pour l'Hôpital Saint Luke's Roosevelt de Harlem, où elle sera examinée au service des urgences à 15 heures 59, soit près de quatre heures après les faits supposés. S'il y avait eu urgence, on aurait dû l'y conduire immédiatement. Les victimes qui souffrent n'attendent pas des heures dans un couloir. Pendant l'examen médical, Nafissatou Diallo trompe encore son monde. Susan Xenarios, la directrice du CVTC – Crime Victims Treatment Center, Centre de traitement des victimes de crime –, est à soixante-quatre ans une figure respectée du traitement des traumatismes psychologiques. Première personne à examiner Nafissatou Diallo, elle croit dur comme fer qu'elle a été agressée. Interviewée par Marion Van Renterghem, elle témoigne dans *Le Monde* du 6 juillet : « *Mme Diallo est arrivée en état de choc, très secouée, très* affectée, nous dit Mme Xenarios. *Elle ne savait manifestement pas qui était la personne qui l'avait agressée lorsqu'elle est arrivée aux urgences. Elle était capable de parler et se montrait coopérative.* [...] *Je n'ai pas mis en doute son témoignage. Et notre équipe est constituée de personnes formées et très expérimentées pour écouter les personnes ayant été violentées. Le verdict des procès correspond généralement à nos diagnostics.* »

Le procureur de New York, Cyrus Vance Jr, racontera, dans son rapport du 23 août demandant la levée des charges, comment toute son équipe a pu être abusée par Nafissatou

Diallo : « *La plaignante a donné des versions changeantes et contradictoires des événements concernant la supposée agression sexuelle* […] *Au cours de chaque entretien avec des procureurs, alors qu'il lui était simplement demandé d'être sincère, elle ne l'a pas été, que cela soit sur des détails ou sur des faits importants, certains mensonges portant sur son passé et d'autres sur les circonstances même des faits incriminés. Dans deux entretiens, par exemple, la plaignante a évoqué de façon saisissante, et avec de nombreux détails, un viol dont elle aurait été victime dans son pays d'origine, viol dont elle admet aujourd'hui qu'il a été entièrement inventé. Elle a également admis avoir menti lorsqu'elle a raconté aux procureurs et au grand jury ce qu'elle avait fait immédiatement après l'agression.* […] *Notre investigation a montré que la plaignante avait déjà fait dans le passé de nombreuses fausses déclarations, dont certaines inscrites dans les fichiers du gouvernement et faites sous serment ou sous peine de parjure.* »

Comment est-il possible que, sur la seule base de son témoignage, on ait arrêté Dominique Strauss-Kahn ? DSK se jetant comme une bête sauvage sur sa victime ? L'accusation pouvait laisser sceptique. Mais sa fuite, dont le récit détaillé semble imparable, accrédite sa culpabilité. Or ce récit est totalement erroné. Dominique Strauss-Kahn, en fait, ne s'est jamais enfui.

IX

UNE FUITE IMAGINAIRE

Dimanche 15 mai 2011. Les auditeurs et téléspectateurs du monde entier qui suivent heure par heure « l'affaire DSK » entendent en boucle la même version. Elle est inspirée du premier article publié dans la nuit par le *New York Post.* Après avoir agressé et tenté de violer à plusieurs reprises la femme de chambre, l'ancien ministre des Finances de Lionel Jospin aurait quitté l'hôtel précipitamment, abandonnant « *son portable et ses effets personnels* » dans la suite du Sofitel. Dans la thèse de la fuite, la chronologie est importante. L'article du *New York Post* situe l'agression supposée de la femme de chambre à 13 heures, puis l'arrestation du directeur général du FMI, à l'aéroport JFK à 14 heures 15. En soixante-quinze minutes, l'agresseur présumé aurait eu juste le temps de rallier à toute vitesse l'aéroport, afin de sauter dans le premier avion. Mais la police elle-même, dans la journée du 15 mai, rectifiera l'heure de la supposée agression pour la situer vers midi et non vers 13 heures, mais sans jamais vraiment expliquer la cause de cette erreur. « *Nous avions dit initialement que c'était aux alentours de 13 heures, en fait c'était plus proche de midi* », déclare simplement Paul J. Browne, le porte-parole du NYPD. On parlera d'une faute de frappe sur le rapport de police. Erreur ou manipulation ? S'il est possible en français de confondre 12 heures et 13 heures, on peut difficilement en anglais écrire *1 pm* quand on pense *12 am*. Malgré ce rectificatif, la police continue d'affirmer que DSK s'est enfui vers l'aéroport. Or, le comportement du directeur général du FMI dément totalement cette thèse. Nous disposons aujourd'hui des éléments qui permettent sans le moindre doute de reconstituer les événements de l'après-midi du 14 mai 2011. L'auteur de ce livre a aussi visionné les images des caméras de surveillance relatives au départ de DSK. Pourquoi les policiers n'ont-ils pas pris la peine de le faire dès leur arrivée à l'hôtel ? Ils n'auraient pas vu un homme en fuite !

Ce samedi-là donc, DSK quitte la suite 2806, au vingt-huitième étage du Sofitel, à 12 heures 24 ou 12 heures 25. Après sa relation avec Nafissatou Diallo, il a dû, rapidement finir sa toilette, s'habiller et boucler sa valise en une dizaine de minutes. Il ne paraît pas très bien coiffé et garde, effectivement, quelques traces de dentifrice autour des lèvres.

Ses accusateurs y décèleront le signe d'une « *panique* ». Un criminel en fuite se serait-il lavé les dents ? DSK est un peu pressé. Sans plus. Dans l'ascenseur, il échange quelques mots avec une cliente française. Cette dame témoignera le dimanche 15 mai sur une chaîne de télévision française : « *Il paraissait tranquille,* dit-elle, *il plaisantait.* » À 12 heures 27, il sort de l'ascenseur, ainsi que la dame française et un autre client. Arrivé dans le hall de l'hôtel, DSK règle sa note aux deux employés présents à l'accueil. Comme il est le seul client à ce moment, le *check out* dure seulement une minute. Puis, comme l'attestent les caméras de surveillance, et contrairement aux premières affirmations de la police, Dominique Strauss-Kahn prend son temps. À 12 heures 28 minutes et 40 secondes, il sort de l'hôtel et traîne un peu avant de héler un taxi une minute plus tard. Il ouvre la porte du véhicule puis, au moment d'entrer, se retourne et discute près d'une minute avec un groom de l'hôtel. Cette image est très frappante. Dominique Strauss-Kahn plaisante avec son interlocuteur. Il n'est ni pressé ni stressé. Il est 12 heures 31. DSK, loin de s'enfuir vers l'aéroport, se rend alors, comme prévu, en taxi de son hôtel au restaurant où l'attendent sa fille Camille et son *boy friend* Pierce.

Le repas se déroule dans la plus grande décontraction.

Vers 14 heures 15, DSK quitte le restaurant et fait signe à un taxi, afin de rallier l'aéroport JFK. Pendant le trajet, vers

14 heures 30, il constate la perte de son téléphone portable. Sa fille, retournée au restaurant pour chercher le *cell phone*, ne l'a pas trouvé. Vers 15 heures 20, il arrive à l'aéroport où il se fait enregistrer sur le vol Air France n° 023 en direction de Paris, dont le départ est prévu à 16 heures 40. Ce qui se passe alors est minutieusement consigné dans le rapport de son arrestation, publié le 17 juin 2011 par le bureau du procureur de New York. On y apprend que le « fugitif » appelle de lui-même l'hôtel Sofitel depuis l'aéroport à 15 heures 29. À cet instant précis, Nafissatou Diallo, entourée de policiers s'apprête à partir pour l'hôpital Roosevelt. Dominique Strauss-Kahn demande le service des objets trouvés. Il ignore que l'employé au bout du fil est sous contrôle de la police.

« *Comment allez-vous ? Je suis Dominique Strauss-Kahn. J'étais un client. J'ai oublié mon téléphone.*

– *Quelle chambre ?*

– *2806.*

– *J'aurai besoin d'une dizaine de minutes pour monter et chercher le téléphone dans la chambre. Mais j'ai un problème : si votre téléphone est ici, comment puis-je vous joindre ?*

– *Je vais vous donner un autre numéro.* »

Cet appel volontaire d'un client, habitué de l'hôtel et en apparence respecté, aurait pu fournir l'occasion d'un règlement à l'amiable. « *Monsieur Strauss-Kahn*, aurait-on pu lui dire, *il s'est produit un incident à l'hôtel. Nous souhaiterions entendre votre version. Pourriez-vous revenir ?* » En cas de refus, on aurait pu alors le menacer d'arrestation. On préfère lui tendre un traquenard !

Comme prévu, le Sofitel rappelle DSK quelques minutes plus tard. Ce dernier ignore toujours que des policiers sont présents à l'autre bout du fil.

« *Monsieur Strauss-Kahn, c'est le Sofitel. J'ai votre téléphone, j'ai besoin de savoir où vous êtes pour vous le rendre.*

– *Je suis à l'aéroport JFK.*

– *Okay, je peux être là d'ici quarante minutes.* »

Il est alors 15 heures 42.

« *Mais j'ai un problème,* dit DSK, *mon avion décolle à 16 heures 26*[1].

– *Pas de problème, je vais prendre un taxi et je serai là dans quarante minutes.*

– *D'accord, je suis au terminal Air France, porte 4, vol 023.* »

Vingt minutes plus tard, ne voyant rien venir, DSK rappelle l'hôtel :

« *J'aimerais parler à la personne qui me rapporte mon téléphone. Quand va-t-elle arriver ? Je suis dans le lounge Air France ; s'il vous plaît, rappelez-moi à ce numéro.* »

---

1. Il s'agit soit d'une erreur de DSK, soit d'une erreur de transcription. L'avion en réalité décolle à 16 heures 40.

Il est environ 16 heures 03. Attendant jusqu'au dernier moment son portable, Dominique Strauss-Kahn embarque parmi les tout derniers passagers peu avant 16 heures 30. Avant de monter dans l'avion, il appelle une dernière fois l'hôtel[1]. A-t-on déjà vu un « fugitif » se jeter ainsi dans la gueule du loup ? Les faits réels qui seront consignés dans le rapport du procureur sont-ils ignorés du porte-parole de la police, le commissaire-adjoint Browne, lorsqu'il s'exprime devant les journalistes le 14 mai au soir[2] ? Ils sont totalement contradictoires avec la version d'un DSK embarquant précipitamment dans le premier avion vers l'Europe. « *Grâce à un arrangement avec Air France,* déclare pourtant Browne, *DSK a négocié la possibilité de monter dans n'importe quel avion en première classe.* » Or ce vol AF 023, assuré en Airbus A330-200, ne possède aucune première classe. Il est équipé seulement de trois classes : affaires, voyageur premium et voyageur. DSK avait réservé depuis plusieurs jours en classe affaires sur ce vol vers Paris. Il devait se rendre à Berlin le dimanche après-midi pour y rencontrer la chancelière Angela Merkel, afin de préparer avec elle le sommet consacré à la dette de la Grèce. Le programme de DSK était public. Il était annoncé sur le site du FMI. Il suffisait d'y jeter un œil. On est

---

1. Entretien avec l'auteur, 1er octobre 2011.
2. Cité dans la version électronique du *Journal du Dimanche*, le 15 mai au matin.

frappé par l'ignorance des policiers new-yorkais concernant des faits élémentaires qu'il était facile de vérifier.

Parmi les fausses informations, le témoignage étrange d'un certain Mortem Meïer. Il est cité dans le *New York Times* du dimanche 15 mai. Mortem Meïer se présente comme un homme d'affaires norvégien de trente-six ans, client de l'hôtel Sofitel. Son témoignage fera le tour du monde. Mortem Meïer déclare dans le *New York Times* avoir pris dans la soirée de samedi « *le même taxi emprunté par Dominique Strauss-Kahn quelques heures plus tôt pour se rendre à l'aéroport* ». Le chauffeur lui aurait indiqué qu'il avait trouvé DSK « *très pressé et voulant quitter les lieux aussi vite que possible. Il semblait stressé et bouleversé.* »

Or ce témoignage de Mortem Meïer, tel qu'il a été rapporté par les journaux du monde entier, est plus que douteux. Et ce pour plusieurs raisons :

– Dominique Strauss-Kahn, étant parti du restaurant, n'a pas pris à l'hôtel de taxi pour l'aéroport.

– Il est statistiquement peu probable que Mortem Meïer, quittant, lui, directement l'hôtel pour l'aéroport, tombe, parmi les milliers de taxis new-yorkais, sur le même véhicule que Dominique Strauss-Kahn, qui a hélé le sien devant un restaurant situé à huit blocs de l'hôtel.

– Il est encore moins probable que le chauffeur d'un taxi qui n'a pas été commandé à l'avance, ignorant donc l'identité de son client, ait pu reconnaître Dominique Strauss-Kahn, dont le visage à ce moment-là, vers 14 heures 30, est inconnu des Américains.

Qui est ce mystérieux Mortem Meïer ? La direction du groupe Accor refusant de donner toute information concernant ses clients, l'auteur n'a pu entrer en contact avec cet étrange « témoin ». Il n'a pas non plus réussi à le joindre par Facebook. Sur ce réseau social, il n'a trouvé que des Morten (avec un *n*) Meïer. Aucun n'a répondu. Mortem (avec un *m*) Meïer existe-t-il ? A-t-il vraiment été un client du Sofitel ? Est-il un simple affabulateur voulant se faire « mousser » dans les médias ou l'agent de quelque officine attachée à la perte de Dominique Strauss-Kahn ? Son récit pèse d'un grand poids pour accréditer la thèse d'une fuite de DSK. Bientôt, des journalistes l'enrichissent d'un nouveau détail qui ne figure pas dans l'interview donnée au *New York Times* par Mortem Meïer. Dominique Strauss-Kahn, dans le taxi le menant à l'aéroport, aurait appelé sa femme pour lui confier : « *Il s'est passé quelque chose de grave, je t'expliquerai demain matin.* »

Après avoir vérifié les relevés téléphoniques, l'auteur peut révéler qu'Anne Sinclair n'a pas parlé à son mari lorsqu'il était dans un taxi. Leur conversation s'est déroulée après l'arrivée de DSK à l'aéroport. Très exactement de 15 heures 43 à 15 heures 53. Elle ne concernait pas Nafissatou Diallo. Et les deux époux ne se rappellent pas avoir employé l'adjectif « *grave* » Le sujet en revanche l'était. DSK avait appris la veille, avant de quitter Washington, que sa messagerie avait été piratée. Des e-mails personnels échangés avec son épouse s'étaient retrouvés selon lui entre les mains d'un très haut dirigeant de l'UMP. « *Dominique s'en doutait depuis longtemps*, raconte Anne Sinclair, *mais cette fois il avait une confirmation. Deux ans plus tôt, j'avais voulu lui préparer un anniversaire surprise, réservé à la famille, pour ses soixante ans. Afin qu'il ne soit pas au courant, j'avais ouvert une boîte gmail spéciale qui a fonctionné entre janvier et mai 2009. On y échangeait des messages très personnels avec des plaisanteries réservées à nos enfants. Eh bien, ces messages se sont retrouvés au siège de l'UMP. Si cette messagerie ultra-confidentielle était piratée, qu'en était-il des autres ? Dominique m'a demandé de prévenir Stéphane Fouks, le patron d'EuroRscg, entreprise dont le serveur voyait transiter beaucoup de nos messages*[1]. »

Il est environ 21 heures 53 à Paris quand s'achève la conversation entre les deux époux, la dernière avant l'arrestation de DSK. Anne Sinclair se trouve au restaurant avec ses amis Jean et Daniela Frydman. Elle appelle aussitôt Stéphane Fouks : « *Peux-tu venir chez nous demain matin ? Avant de partir à Berlin, Dominique veut te parler d'une affaire sérieuse.* »

1. Entretien avec l'auteur, 16 octobre 2011.

Rendez-vous est pris pour le lendemain à 9 heures, place des Vosges.

Dominique Strauss-Kahn n'y sera pas. « *DSK*, peut-on lire dans le *JDD* du 15 mai, comme dans de nombreux autres journaux, *s'installe, seul, en première classe. À 16 heures 40, heure de New York, une dizaine de minutes avant le décollage, deux policiers de l'air pénètrent dans la cabine et demandent au directeur général du FMI de les suivre.* » Ce récit est erroné. DSK n'a pas été arrêté à l'intérieur de l'avion.

Voici comment l'arrestation s'est véritablement déroulée.

Peu avant 16 heures 30, s'étant résolu à embarquer, Dominique Strauss-Kahn s'installe à sa place à l'avant de l'avion, en classe affaires. Il pose son bagage à main dans le coffre prévu à cet effet au-dessus du siège. L'avion est sur le point de décoller.

Dès lors qu'il n'est plus en visite privée à New York mais commence un voyage payé par le FMI en vue de rencontrer la chancelière Angela Merkel dans le cadre de ses fonctions, il pourrait bénéficier d'une immunité diplomatique[1]. A-t-on vérifié son statut avant de décider son arrestation ? C'est fort possible. Sinon pourquoi s'est-il écoulé plus d'une heure depuis le premier appel téléphonique de DSK à l'hôtel Sofitel ? Les policiers qui viennent l'arrêter n'ont pas été retardés par

1. Cette question fait débat parmi les juristes.

les embouteillages ! Ils appartiennent à la police de l'aéroport. Étant sur place, ils auraient pu intervenir aussitôt. Ils ont évidemment attendu un feu vert. Qui a été appelé ? Dans quel pays ? À quel niveau ? Il est 16 heures 40 à New York, 22 heures 40 à Paris. Officiellement, ni la direction d'Accor ni le pouvoir politique français ne sont encore informés. Les policiers de l'aéroport savent, eux, qu'ils ne viennent pas arrêter un simple quidam. Informé que ces derniers veulent monter dans l'appareil afin de procéder à l'interpellation du directeur général du FMI, le commandant de bord s'y oppose. Mais il accepte la demande des autorités américaines de retarder le départ de l'appareil. Dominique Strauss-Kahn se souvient : « *Le commandant de bord s'approche de moi et m'informe que deux policiers m'attendent sur la passerelle. Cela m'a un peu surpris, mais je pensais qu'ils me rapportaient mon téléphone en lieu et place des employés de l'hôtel qui probablement n'avaient pas eu le droit d'accéder au tarmac. Avec le recul, je me rappelle que le commandant de bord paraissait un peu gêné. Mais sur le coup, je ne me suis douté de rien*[1]. » DSK sort de l'avion, sans la moindre méfiance, laissant ses affaires à l'intérieur. Sur la passerelle, il se trouve face à deux policiers appartenant à la brigade de l'aéroport. Bref dialogue tiré du rapport du 17 juin 2011 :

---

1. Entretien avec l'auteur, 1er octobre 2011.

Détective Diwan Maharj : « *Vous êtes Dominique Strauss-Kahn ?*

– Oui.

– Puis-je voir votre passeport ? Nous aimerions que vous veniez avec nous.

– Pourquoi ?

– Maintenant, ce n'est pas le moment ou l'endroit pour discuter. »

Sans plus d'explications, ils demandent à DSK de les suivre. Ils ont, disent-ils, des questions à lui poser. « *À cet instant,* se remémore Dominique Strauss-Kahn, *je ne pense pas du tout à ce qui s'est passé dans la chambre du Sofitel avec Nafissatou Diallo. Je ne comprends vraiment pas ce que veulent ces policiers. Je pense qu'il doit s'agir d'un malentendu ou d'un incident sans gravité. Je leur demande l'autorisation d'aller récupérer ma valise à l'intérieur de l'avion. Ils me demandent si je possède un bagage dans la soute. Je leur réponds que non*[1]. » Dominique Strauss-Kahn retourne à sa place prendre ses affaires. Il ressort de l'avion, sa valise à la main. Ainsi donc, contrairement à la version répandue dans le monde entier, DSK n'a pas été arrêté dans l'avion. Il en est sorti volontairement. Il ne s'est pas non plus exclamé : « *Quel beau cul !* » à l'adresse d'une hôtesse de l'air, comme l'ont

1. *Ibid.*

rapporté plusieurs journaux sur la foi de rumeurs infondées. Et le fameux téléphone portable ? Nul ne le lui a rapporté.

Lundi 16 mai le *New York Daily News*, citant des « *sources policières* », écrit que Dominique Strauss-Kahn l'« *avait seulement mal rangé* [son portable] *et s'était trompé en croyant l'avoir oublié* ». Dans ce cas, pendant quarante-huit heures, la police de New York aurait menti au monde entier, en faisant croire qu'elle avait trouvé dans la suite de DSK « *son portable et des effets personnels* », preuves matérielles de sa précipitation, qui accréditent la thèse de sa fuite. Le NYPD ne fera jamais de mise au point officielle concernant le sort réel du téléphone. Le procureur de l'État de New York non plus. Vedette médiatique des heures qui suivent l'arrestation de DSK, le portable ne sera plus évoqué pendant plusieurs mois par aucun des protagonistes de la procédure. Il fait son retour le 8 août 2011 dans le texte de la plainte au civil déposé par les avocats de Nafissatou Diallo devant le tribunal du Bronx. Mes Wigdor et Thompson écrivent en effet, à l'instar de la police, que DSK n'a pas perdu son portable. En revanche, ils affirment curieusement qu'il s'agissait d'un téléphone « *fourni par le FMI* ». Comment le savent-ils ? DSK n'en a jamais parlé à personne. À partir de 16 heures 45, le 14 mai 2011, il ne se préoccupe plus de son téléphone. Il est confronté à d'autres soucis.

X

Soupçons

Il est 16 heures 59 sur la côte Est des États-Unis. Dominique Strauss-Kahn vient juste d'arriver dans le bureau de la *Police Station* de l'aéroport JFK. À cet instant, il n'est pas encore formellement arrêté. Il est 22 heures 59 à Paris. Sur une chaîne de télévision, on diffuse le concours de l'Eurovision de la chanson. Sur une autre, le président de la République vient de remettre la Coupe de France de football au club de Lille vainqueur de la finale face au PSG. Au même moment – 22 heures 59 –, un étudiant de vingt-deux ans, Jonathan Pinet, militant du mouvement de jeunesse de l'UMP, publie sur son tweet un message qui ressemble à une blague : « *Un pote aux États-Unis vient de me rapporter que DSK aurait été arrêté par la police dans un hôtel de NYC il y a une heure* ». Ce « *pote de New York* » est un certain Boris, qui effectue un stage au Sofitel de Manhattan. Ce samedi, il est en congé. Mais il a été prévenu par un collègue qui travaille ce jour-là.

L'information transmise via Twitter n'est pas exacte. DSK en effet n'a pas été arrêté « *dans un hôtel* » une heure auparavant. Cette approximation est explicable. L'employé de l'hôtel a juste anticipé sur les événements. On l'a vu, « l'incident » avec Nafissatou Diallo n'a pas été traité en secret. L'arrivée de la police n'a pu passer inaperçue. Il n'est pas anormal que des employés de l'hôtel aient vite été prévenus. Cependant, la personnalité du jeune homme posera questions. Boris, comme Jonathan Pinet, est proche de l'UMP, peut-être même militant. Il vient de Neuilly, la ville dont le maire fut longtemps Nicolas Sarkozy. Rien de cela n'est en soi répréhensible. Le tweet de Jonathan Pinet alimentera cependant les rumeurs de complot dans les heures fiévreuses suivant l'arrestation de DSK. Il est évidemment troublant qu'un militant UMP ait été le premier informé. Se serait-il exposé ainsi s'il avait été partie prenante d'un complot ? C'est peu probable. Il en va de même avec Arnaud Dassier. Ce jeune entrepreneur de start-up, libéral tendance Madelin, a le profil du *usual suspect* aux yeux des militants de gauche déboussolés après l'arrestation de DSK. Son entreprise d'informatique s'est occupée de la campagne Internet de Chirac en 2002, puis de celle de Sarkozy en 2007. Le samedi 14 mai, Arnaud Dassier se trouve dans sa maison du Loiret avec femme et enfants. Une soirée en famille à regarder le Grand Prix de l'Eurovision. « *Ma femme est Ukrainienne,* dit-il, *et son pays avait une chance de l'em-*

porter[1]. » Comme tous les accros du tweet, il ne peut pas quitter des yeux son iPad. Il est 22 heures 59. « *Je découvre en direct le tweet de Jonathan Pinet. Je suis surpris par l'info, je me demande si ce n'est pas une blague. Je fais aussitôt un retweet, c'est-à-dire que j'envoie tel quel son tweet, sans attendre de connaître la véracité de l'info. Cela vous surprend, mais c'est la loi du tweet*[2]. » Quelques minutes plus tard, Arnaud Dassier contacte Jonathan Pinet sur sa messagerie privée. « *Je lui demande la fiabilité de la source. Il me dit qu'il a une confiance totale en son copain et me précise que DSK a été arrêté pour une histoire de violence. J'imagine qu'il s'agit d'un problème avec une femme, car je connaissais sa réputation. Mais je ne m'en réjouis pas outre mesure. En tant que libéral, j'éprouvais un certain intérêt pour DSK*[3]. » Alors, Arnaud Dassier confirme le scoop par un nouveau tweet : « *Apparemment, DSK à New York, c'est du très, très lourd* », écrit-il sur Twitter à 23 heures 23. Il vient de balancer l'info potentiellement à trois mille *followers* qui sont en lien avec lui. En réalité, à cette heure-là, ils sont sans doute peu nombreux sur Twitter. Selon son témoignage, Arnaud Dassier va ensuite se coucher. Lors de sa rencontre avec l'auteur dans un café parisien, le 26 octobre 2011, Arnaud Dassier lui montre

1. Entretien avec l'auteur, 26 octobre 2011.
2. *Ibid.*
3. *Ibid.*

son iPhone : « *Regardez la liste de mes* followers. *Vous n'y trouverez ni "Élysée" ni "Franck Louvrier*[1]*" et encore moins "Nicolas Sarkozy".* » L'auteur évidemment ne s'attendait pas à voir ces noms sur l'iPhone d'Arnaud Dassier… cinq mois après les faits. S'ils y avaient figuré, il n'en aurait d'ailleurs tiré aucune conclusion concernant un quelconque rôle occulte de Dassier et Pinet. Des militants de l'UMP informés de la chute d'un adversaire politique se sont empressés de diffuser la bonne nouvelle. Et alors ? Ils l'ont fait d'ailleurs en termes relativement sobres. On a vu pire. Bien pire. Le député UMP Bernard Debré. Dès le matin du dimanche 15 mai, il se déchaîne sur plusieurs médias contre DSK. Propos choisis : « *Vous avez été une fausse valeur, un obsédé sexuel, un escroc intellectuel. Vous avez sali votre pays.* […] *Ce que je vous souhaite, c'est maintenant de vous soigner, il existe des médicaments pour les délinquants sexuels.* » Bernard Debré dispose-t-il d'informations ultra-confidentielles ? On peut le supposer. Sur son blog, ce dimanche 15 mai au matin, il semble faire allusion à l'affaire dite « du Carlton » qui pourtant éclatera… cinq mois plus tard. « *Il était connu de beaucoup,* écrit-il, *que vous aviez des attitudes sexuelles débridées, en France, en Belgique. Les choses étant connues, les participants à ces parties fines s'en vantaient, mais la France est tolérante, trop tolé-*

1. Conseiller en communication de Nicolas Sarkozy.

rante. [...] *Trop c'est trop, vous avez humilié la France! Vous l'avez ridiculisée.* » Ce membre important du parti présidentiel se prétend aussi étonnamment bien informé sur ce qui se passe à l'intérieur du Sofitel de New York. Interrogé par *lexpress.fr* le lundi 16 mai, il décrit cet hôtel comme une sorte de lupanar où DSK, qui « *y descendait toujours* », se serait selon lui « *livré à de nombreuses reprises à ce genre d'agissement* ». Semblant au courant de tous les secrets du Sofitel, Bernard Debré poursuit : « *Ça s'est produit plusieurs fois et depuis plusieurs années. Tout le monde le savait dans l'hôtel.* » Selon lui, la direction de l'hôtel aurait étouffé les affaires. « *D'autres femmes de chambre avant Ophelia – une femme charmante de trente-deux ans qui travaillait très bien – avaient été agressées. Il faut arrêter de jouer les vierges effarouchées.* » Le 1er juillet suivant, Bernard Debré, sur BFM-TV, confirmera avoir été informé « en direct » de l'arrestation de Strauss-Kahn par « *un certain nombre de gens qui travaillent au Sofitel* » et notamment par « *un ami de [mon] collaborateur* ». Son informateur est-il le jeune Boris, stagiaire à l'hôtel, à l'origine du tweet de Jonathan Pinet ? Conclusion : si Bernard Debré dit vrai, lui l'ancien ministre, député de la majorité et proche du président de la République, aurait suivi « en direct » les événements du Sofitel, bien avant l'arrestation de DSK. Or, selon la version officielle, la direction d'Accor et l'Élysée auraient été prévenus plus de cinq heures après la supposée agression de Nafissatou Diallo, bien après les stagiaires du Sofitel, le commandant de bord de l'avion d'Air France, les *followers* de Jonathan Pinet et Arnaud Dassier ! Bien après Bernard Debré. Dans la version officielle, un homme joue un rôle essentiel : René-Georges dit « Jo » Querry. Directeur de la sécurité du groupe Accor depuis 2003, ce policier expérimenté et respecté, ancien patron de la brigade anti- gang, a servi entre 1990 et 1992 dans les cabinets des ministres de l'intérieur socialistes, Pierre Joxe, Philippe Marchand et Paul Quilès. S'entretenant avec l'auteur, il s'indigne que des parlementaires socialistes aient pu en juillet dernier le soupçonner d'avoir trempé dans un complot contre DSK. « *Le soir du 14 mai,* dit-il, *j'étais au Stade de France dans la tribune présidentielle. J'y suis toujours invité en tant qu'ancien responsable de la sécurité du Mondial de Football en 1998. Comme souvent j'ai traîné un peu au cocktail après le match. C'est seulement en rentrant chez moi dans le 16*^e^ *arrondissement que je suis prévenu de l'affaire du Sofitel par Xavier Graff, le permanencier du groupe Accor à Paris*[1] » Quelle heure est-il ? Interviewé en juillet par le journal *Le Monde*, « Jo » Querry avait parlé de 23 heures 45. « *C'était plutôt vers minuit* » précise-t-il aujourd'hui. Aussitôt, au lieu d'informer la DCRI, il appelle directement l'Élysée, en l'occurrence Ange Mancini,

1. Entretien avec l'auteur, 28 octobre 2011.

le coordinateur national du renseignement. Les deux « grands flics » se connaissent depuis l'époque de la brigade antigang. Ange Mancini, ancien préfet de Guyane et de Martinique, fut le premier patron du Raid. Après avoir été mis au courant de l'arrestation de DSK, Ange Mancini aurait, peu après minuit, transmis l'information à Christian Frémont, directeur de cabinet de Nicolas Sarkozy. Le renseignement est ensuite parvenu à Claude Guéant, ministre de l'Intérieur, prévenu officiellement peu après minuit et demi. « *J'ai été informé par mon directeur de cabinet qui, lui-même, avait été informé par le coordinateur national du renseignement*, explique-t-il sur France 2 le lundi 16 mai. *D'où le coordinateur national du renseignement tenait-il ses informations ? Je ne sais pas.* »

Et le président de la République ? Dans un premier temps, on a dit qu'il n'avait appris l'arrestation de DSK que le dimanche matin au petit déjeuner. « *On ne réveille pas le président* » a expliqué son service de presse. Puis on a admis l'avoir prévenu vers deux heures du matin. Or au Stade de France plusieurs invités de la loge présidentielle ont été surpris par l'attitude de Nicolas Sarkozy, pourtant grand supporter du PSG, qui paraissait distrait, plus concentré sur son BlackBerry que sur le match de football. « *Il est toujours comme cela* » disent ses amis. Ce n'est pas vrai. Il se comporte rarement ainsi depuis qu'il cherche à « habiter » la fonction présidentielle. Nicolas Sarkozy a-t-il ce soir-là suivi

« en direct » les péripéties de l'arrestation de DSK ? Ce serait logique et cela ne ferait pas de lui l'instigateur de l'affaire du Sofitel. Mais pourquoi le cacher ?

« Jo » Querry n'a-t-il vraiment, comme il l'affirme, été prévenu qu'à minuit ? La question est essentielle. On sait que ce soir-là, il se trouvait à quelques mètres de Nicolas Sarkozy dans la tribune présidentielle du stade de France. Or, les horaires du match – entre 20 heures 30 et 23 heures à Paris – coïncident exactement avec le déroulement du drame, entre 14 heures 30 et 17 heures à New York. « Jo » Querry, informé plus tôt qu'il ne le dit, aurait-il fait passer un message discrètement au président pendant le match ? Voici sa réponse : « *Je n'ai pas de relations privilégiées et intimes avec le Président de la République et je le regrette, pour me permettre un contact direct avec lui pour quelque sujet que ce soit*[1] » Très soucieux de prouver sa bonne foi, « Jo » Querry ajoute : « *Je tiens à la disposition de toute autorité, administrative ou judiciaire mon Black Berry, mon téléphone portable ou personnel afin de procéder à tous les contrôles nécessaires permettant de vérifier mes communications téléphoniques ou informatiques, et d'identifier les personnes avec lesquelles j'ai été en contact le soir de la finale de la Coupe de France 2011. Et ces contrôles peuvent égale-*

1. Entretien avec l'auteur, 8 novembre 2011.

ment s'étendre aux jours qui précèdent et à ceux qui suivent cette date.[1] »

Dont acte. Reste une question. Toujours sans réponse. Pourquoi le directeur du Sofitel de New-York a-t-il attendu plus de cinq heures avant de prévenir Paris ?

« *Chaque directeur d'établissement est libre d'évaluer par lui-même la notion de risque* » répond diplomatiquement « Jo » Querry qui ajoute cependant : « *Il m'est arrivé d'être alerté à deux heures du matin par un hôtel Ibis, du côté d'Albi, où le réceptionniste avait été giflé par un client*[2] » René-Georges Querry n'en dira pas plus. Placé sous les feux des projecteurs, il a certainement joué le rôle de fusible. Un autre personnage en revanche est plus mystérieux. Il a refusé de rencontrer l'auteur. Il s'agit du permanencier du Groupe Accor, l'homme qui a prévenu Querry le 14 mai au soir, Xavier Graff. Cet ancien policier est le directeur de la gestion des risques du Groupe Accor. Conformément à la procédure interne, il a été informé en premier par le directeur du Sofitel de New-York. Mais à quelle heure ? Juste avant minuit, a-t-il dit à Querry. Son comportement, très étrange, pose question. Plusieurs de ses collègues en témoignent. Cadres de la police et de la magistrature, ils l'ont accompagné pendant une semaine au Canada dans le cadre de la 22e session

1. Entretien avec l'auteur, 8 novembre 2011.
2. *Ibid.*

de l'Institut National de la Sécurité et de la Justice. « *Notre départ* dit l'un d'eux, *était prévu le dimanche 15 mai au matin depuis Roissy. Xavier Graff est arrivé très en retard fatigué et excité. Il nous a dit : "Je n'ai pas fermé l'œil de la nuit. Nous avons fait tomber DSK !" Pendant tout le séjour, à Montréal ou à Ottawa, il ne parlait que de cela et donnait des détails invérifiables bien sûr mais précis pour expliquer comment, en liaison directe avec le Sofitel de New-York, il avait organisé la chute de DSK pendant plusieurs heures sans en référer à personne au sein du groupe Accor. Il disait tout cela sous forme de plaisanterie. Certains des participants riaient, d'autres étaient pétrifiés. Il était obsédé par DSK.*[1] »

Faut-il prendre pour argent comptant les déclarations de Xavier Graff ? Le 24 juin, dans un email de félicitations au colonel Thierry Bourret, chargé entre autres de la lutte anti-dopage, Xavier Graff écrit : « *Au Sofitel NY, nous avons réussi à faire tomber DSK. Nous espérons que l'Oclaesp (Office central de lutte contre les atteintes à l'environnement et à la santé publique) arrivera à faire tomber quelques cyclistes tricheurs cet été...* » Ce message envoyé en copie à 18 personnes dont plusieurs fonctionnaires du ministère de l'intérieur n'est pas du goût du groupe Accor. Mais Xavier Graff, sermonné par sa direction, n'a pas été sanctionné.

1. Entretien avec l'auteur, 28 septembre 2011.

« *C'était une plaisanterie* » a-t-il fait savoir. Certains de ses collègues le croient. Ils le présentent comme « un peu lourd » côté humour. D'autres voient en lui un personnage-clé de l'affaire du Sofitel.

Fin juillet, dans une interview au *Point*, Xavier Graff explique clairement : « *Il y a eu un loupé incompréhensible, j'aurais dû être prévenu beaucoup plus tôt. C'est par mail que j'ai appris la nouvelle du directeur du Sofitel NY.* »

Soit il dit vrai. Et il est alors le seul cadre d'Accor à poser publiquement la question du grave dysfonctionnement du 14 mai dernier. Soit il a été prévenu plus tôt qu'il le dit. Dans ce cas, à l'insu du groupe Accor, des circuits parallèles ont fonctionné. « *Je n'ai jamais été en relation avec le directeur du Sofitel que je ne connais pas, ni avec aucun responsable du groupe Accor* », indique au *Monde*, le 16 mai 2011, Bernard Squarcini, le directeur du renseignement intérieur – DCRI. Il menace de poursuites judiciaires toute personne mettant en cause les services français dans « l'affaire DSK ». Cafouillages ou affaire d'État ? Nul ne peut croire fortuits les étonnants dysfonctionnements de la chaîne d'information dans « l'affaire DSK ». Il est temps que chacun dise ce qu'il sait. Pour lever les terribles suspicions qui risqueraient de pourrir la campagne présidentielle.

XI

DSK chez Kafka

« Une fois descendus de la passerelle, les policiers m'ont conduit à travers un dédale de couloirs déserts. Je les suivais sans mot dire. Ils ne parlaient pas non plus. Tout de suite, ils ont voulu me passer les menottes. J'ai refusé, arguant du fait que je les avais suivis volontairement. "C'est vrai, vous êtes un gentleman, vous ne vous échapperez pas", m'a répondu l'un d'eux. Après quelques minutes, nous montons dans une voiture qui nous conduit vers un autre bâtiment de l'aéroport où se trouve la station de police[1]*... »*

Il est environ 17 heures. Dominique Strauss-Kahn se retrouve dans un bureau avec les deux policiers. *« De quoi s'agit-il ? »* demande-t-il à nouveau. C'est alors qu'on lui parle d'un *« incident survenu avant* [votre] *départ dans* [votre] *chambre »*. Cette fois, le déclic se produit. *« Ah oui, je vois »*,

1. Entretien avec l'auteur, 30 septembre 2011.

répond le directeur général du FMI. Il pense à la femme de chambre. « *Je me dis qu'elle a dû raconter quelque chose. S'il y a un malentendu, je pourrais l'expliquer.* » À cet instant, Dominique Strauss-Kahn n'est pas inquiet au plan judiciaire. « *Mon souci, c'est la réunion du lendemain à Berlin. Je demande aux policiers s'ils pensent me libérer rapidement, afin que je prenne un autre avion dans la soirée*[1]. » Après une quinzaine de minutes passées à la *police station* de l'aéroport, Dominique Strauss-Kahn est transporté dans une voiture de police banalisée vers un commissariat de Harlem. Cette fois, il est menotté, d'abord dans le dos, puis par-devant comme il le réclame. « *C'était très douloureux*[2]. » Il ne bénéficie d'aucun traitement de faveur.

Vers 18 heures, il arrive à Harlem. Un commissariat de quartier. Le directeur général du FMI se retrouve au milieu de délinquants, grands et petits, trafiquants de drogue, proxénètes, voleurs de voitures. On l'installe au premier étage dans un bureau fermé à clef, où il restera le plus souvent seul durant la nuit et le jour suivant. Peu après, Dominique Strauss-Kahn reçoit sa première et seule visite de la soirée en la personne du consul général de France à New York, Philippe Lalliot. L'échange entre les deux hommes est bref et cordial. Le diplomate s'enquiert de la santé du directeur général du FMI. Il va

1. *Ibid.*
2. *Ibid.*

plaider auprès des policiers, afin qu'ils autorisent Camille, la fille de DSK, qui est en bas, à monter voir son père. Il ne les convainc pas. Les policiers sont très durs. Dominique Strauss-Kahn n'a droit à aucune visite. Il ne communiquera pas avec sa femme avant le mercredi suivant. Il lui est strictement interdit de téléphoner, excepté à ses avocats. Vers 19 heures 30, Dominique Strauss-Kahn appelle Me William Taylor, du barreau de Washington. Celui-ci l'a conseillé en 2008 à l'occasion de l'affaire Piroska Nagy, du nom de cette économiste hongroise, alors âgée de quarante ans et responsable du secteur Afrique au FMI. Dominique Strauss-Kahn avait-il abusé de son pouvoir pour contraindre la jeune femme à une relation non consentie ? Était-il intervenu en sa faveur pour lui faire obtenir des indemnités supérieures à celles de ses collègues, lorsqu'elle quitta le FMI en juillet 2008 dans le cadre d'un plan social ? La réponse à ces deux questions fut négative de la part du comité d'éthique du FMI, puis d'un cabinet d'avocats indépendant, spécialisé dans le droit du travail. Après quelques jours de tempête médiatique, Dominique Strauss-Kahn présenta ses excuses au FMI pour ce qu'il qualifia lui-même de « *relation inappropriée* ».

En 2011, William Taylor propose d'adjoindre à la défense Me Benjamin Brafman, ténor du barreau de New York, juif orthodoxe et fils de survivants de la Shoah. Réputé pour gagner tous ses procès, il a défendu les plus grandes stars du *show business* tels le chanteur Michaël Jackson et les rappeurs Jay-Z et Sean John Combs. En attendant la visite de ses avocats le lendemain matin, DSK est enfermé à clef dans le bureau, seul, mais surveillé à son insu à travers une glace sans tain. « *Je m'en aperçois,* dit-il, *à un moment de la nuit. J'avais mis mes mains sous la table. Un policier est entré pour vérifier ce que je faisais*[1]. » Vers minuit, un détective arrive, un carnet à la main, et demande au suspect s'il souhaite faire une déclaration. DSK voudrait donner sa version aux policiers. Mais son avocat lui a conseillé de se taire. À aucun moment, Dominique Strauss-Kahn ne s'est vu signifier formellement son arrestation, moment solennel où l'accusé écoute la lecture de ses droits.

Il passe la nuit assis sur une chaise, dans ce bureau vide, sans pouvoir dormir. Il pense cependant que sa garde à vue touche à sa fin. « *William Taylor m'avait dit : "Ne vous inquiétez pas. On va vous sortir de là demain matin*[2]*."* » À l'aube, les avocats de Dominique Strauss-Kahn ont négocié avec le bureau du procureur la libération conditionnelle de leur client en échange d'une caution de 250 000 dollars. L'information est publiée à 5 heures 42, heure de New York, par le site Internet de *L'Express*, citant « *des sources proches* » de DSK.

1. Entretien avec l'auteur, 30 septembre 2011..
2. *Ibid.*

Les deux avocats, dans un premier et laconique communiqué, annoncent que leur client « *nie toutes les allégations* » portées à son encontre. « *Il a l'intention de se défendre vigoureusement et dément toute mauvaise conduite* », insiste Me Benjamin Brafman. On annonce que DSK plaidera non coupable.

Peu avant 11 heures, se déroule un événement extrêmement étrange que nous révélons ici. Les deux avocats, William Taylor et Benjamin Brafman, se présentent au commissariat de Harlem. Dominique Strauss-Kahn va être libéré. Bien qu'épuisé, après une nuit sans sommeil, il est soulagé. On lui rend sa pochette en cuir contenant les 1 500 dollars de devises étrangères, ainsi que tous ses papiers. Il récupère ses affaires et commence à se demander s'il va prendre un avion pour l'Europe ou pour Washington DC. C'est alors que se produit un coup de théâtre.

On apprend à Dominique Strauss-Kahn l'existence d'un « *grave problème* ». Sa libération conditionnelle est annulée. Sa garde à vue se prolonge. « *À partir de là, j'ai commencé vraiment à me sentir très inquiet*[1]. » Que s'est-il passé ? Lisa Friel, procureure adjointe, responsable de la Sex Crimes Unit, brigade spécialisée dans les crimes sexuels, avait pourtant trouvé un accord avec les avocats

---

1. *Ibid.*

de l'ex-ministre français de l'Économie. Mais le procureur Cyrus Vance Jr et son adjoint Daniel Alonso l'ont, semble-t-il, bloqué *in extremis*. Les deux hommes souhaitent une inculpation rapide par un grand jury, qui permette d'emprisonner DSK de manière préventive. Ils ont leurs raisons. La presse parle du précédent Polanski, le cinéaste condamné aux États-Unis pour relations sexuelles avec une mineure. On rappelle l'absence d'accord d'extradition entre la France et les États-Unis, qui aurait protégé le « *fuyard* » si la police ne l'avait pas fait descendre de l'avion en partance vers l'Europe. Et puis, la plaignante appartient à une communauté noire, traumatisée par l'acquittement récent de deux policiers accusés de viol sur un membre de ladite communauté. Le procureur Vance, qui est élu conformément à la loi américaine, ne veut pas se couper de cette partie de l'électorat. La procureure adjointe est loin d'être une laxiste. Cette femme intransigeante a tendance à croire Dominique Strauss-Kahn coupable[1]. Mais, refusant d'agir dans la précipitation, elle propose de le laisser en liberté tout en lui retirant son passeport, afin de l'empêcher de quitter le pays, le temps d'une enquête approfondie.

Lisa Friel démissionnera en juillet 2011, pour rejoindre le privé. Elle argue alors d'une raison personnelle, les études,

1. Cf. son interview dans *Le Parisien* du 21 septembre 2011.

coûteuses, de ses trois enfants, alors que la magistrature ne paie guère. Mais sa démission pourrait bien être la conséquence des désaccords avec son boss sur la gestion du dossier DSK. Une chose est sûre, au matin du dimanche 15 mai, Lisa Friel est sérieusement et brutalement désavouée par sa hiérarchie. C'est elle pourtant qui a raison : en dehors des homicides, la libération sous caution est la règle aux États-Unis. Lisa Friel, la féministe intransigeante, était prête à l'appliquer. Le procureur Vance s'y est opposé au dernier moment. « *En trente-cinq ans de barreau, je n'ai jamais vu cela* », confiera Benjamin Brafman à Dominique Strauss-Kahn. Pourquoi a-t-on appliqué au directeur général du FMI un tel traitement de défaveur ? Parmi les raisons évidentes, se trouvent les « antécédents » dont les médias commencent à parler peu après l'arrestation.

Le 6 avril 2011, l'auteur de ce livre avait reçu une confidence de la part d'une personne travaillant pour le Quai d'Orsay : « *DSK explosera en vol... Il sera pulvérisé par une bombe atomique, une déflagration, un tsunami. Cela se produira en mai. Il ne pourra même pas participer aux primaires du PS.* » Le 6 mai 2011, Bruno P. Cluzel, président du Rotary Club de Neuilly, la ville de Nicolas Sarkozy, envoie l'e-mail suivant : « *En avant-première un lien sur une émission de T. Ardisson en 2007 et qui pourrait devenir le buzz internet du mois de juin 2011.* » Transmis à un ami, cet e-mail va ensuite circuler d'un ordinateur à l'autre parmi les militants de l'UMP… L'affaire Banon, c'est sûr, était prévue au programme de la campagne électorale.

XII

La charge d'Anne Mansouret

Troublante concordance des temps. Il est environ 11 heures à New York quand DSK se voit refuser sa mise en liberté conditionnelle. Une demi-heure plus tôt, de l'autre côté de l'Atlantique, est sortie une information sensationnelle : une femme s'est exprimée pour la première fois publiquement sur une affaire qui remonte, selon elle, à plus de neuf ans[1]. L'interview est publiée à 16 heures 29, soit 10 heures 29 à New York, sur le site Internet du journal *Paris Normandie*. La femme s'appelle Anne Mansouret. Vice-présidente du conseil général de l'Eure et conseillère régionale de Haute-Normandie, cette socialiste de soixante-cinq ans déclare à *Paris Normandie* : « *Je regrette d'avoir dissuadé ma fille de porter plainte contre DSK.* » De quoi s'agit-il ? Sa fille, Tristane

1. Curieusement, Anne Mansouret, dans plusieurs interviews, situera en février 2002, parfois même 2001, la rencontre entre sa fille et Dominique Strauss-Kahn. Or, celle-ci s'est déroulée en février 2003.

Banon, une romancière âgée de trente et un ans, aurait, elle aussi, été victime de Dominique Strauss-Kahn !

La jeune femme en a parlé la première fois publiquement, le 5 février 2007, dans une émission de Thierry Ardisson, *93, faubourg Saint-Honoré,* diffusée sur la chaîne de télévision Paris Première. Elle raconte alors avoir rencontré à deux reprises Dominique Strauss-Kahn, afin de l'interviewer pour son premier livre *Erreurs avouées (au masculin).* Le deuxième rendez-vous, dit-elle, s'est mal terminé, l'ancien ministre des Finances se comportant comme un « *chimpanzé en rut* ». « *Il a voulu*, raconte-t-elle pendant l'émission, *que je lui tienne la main pour répondre, puis le bras... On a fini par se battre, on s'est battu au sol, j'ai donné des coups de pied, il a dégrafé mon soutien-gorge, il a essayé d'enlever mon jean. Quand on se battait, j'ai dit le mot "viol" pour lui faire peur, ça ne lui a pas fait peur.* » Tristane Banon n'a cependant pas porté plainte. « *Je suis allée très loin, j'ai constitué le dossier, je suis allée voir un avocat, mais je ne suis pas allée jusqu'au bout. Je ne voulais pas être jusqu'à la fin de mes jours la fille qui a eu un problème avec un homme politique* », explique-t-elle devant les caméras de Thierry Ardisson. Mise en ligne sur Internet, la vidéo de l'émission a été vue par des dizaines de milliers de personnes. Mais le récit de Tristane Banon n'a jamais été pris en considération par la presse. L'arrestation de Dominique Strauss-Kahn change la donne. Dans *Paris*

Normandie, ce dimanche 15 mai, la mère de Tristane Banon exprime ses remords : « *Je porte une lourde responsabilité. Après les faits, on a discuté, beaucoup parlé. Et, finalement, elle a décidé, on a décidé, de ne pas lancer de procédure.* [...] *Ce que je peux vous dire*, précise encore l'élue normande, *c'est que ma fille, malgré les années qui passent, est toujours bouleversée par ces faits. Cette nuit, je suis allée la voir à Paris pour la réconforter. C'est très dur pour elle.* » Pour justifier le non-dépôt de plainte, Anne Mansouret évoque des liens étroits avec la famille de DSK, notamment avec sa deuxième épouse Brigitte Guillemette et Camille, fille de celle-ci, qui serait « *une des meilleures amies de Tristane* ».

Anne Mansouret se dit guère surprise par l'arrestation du directeur général du FMI : « *Pour moi, Dominique Strauss-Kahn est malade. Ce n'est pas une injure de dire cela, il a un vrai problème : une addiction au sexe, comme d'autres ont des soucis avec l'alcool, la drogue ou le jeu. Il est malade. Sur les faits eux-mêmes, je ne peux pas me prononcer, je n'y étais pas. Mais, pour moi, c'est très plausible que cette femme ait été agressée sexuellement. En revanche, je suis formelle, il a bien tenté d'abuser de Tristane.* » « *Pour l'heure*, poursuit *Paris Normandie, Tristane Banon ne souhaiterait pas s'exprimer. Elle a contacté son avocat ce matin et devrait dans les prochains jours tenir une conférence de presse. Anne Mansouret confie que sa fille réaffirmera ses accusations contre Dominique Strauss-Kahn. Si ce témoignage est avéré, les choses pourraient encore se compliquer pour DSK, car la justice française, cette fois-ci, pourrait s'emparer de ce dossier. Les faits ne sont pas prescrits.* » Dans les heures qui suivent, Anne Mansouret s'exprime sur France 3 Normandie. Puis, dans la soirée, elle passe sur BFM, LCI et nombre d'autres médias. Son intervention fait l'effet d'une bombe. Elle tourne en boucle dans tous les médias français et étrangers. La révélation de « l'affaire Banon » ne devrait logiquement avoir aucune influence sur l'enquête qui commence à New York. Il s'agit à ce stade d'articles de presse et non d'une procédure judiciaire, encore moins d'une condamnation. Elle plombe cependant Dominique Strauss-Kahn qui apparaît alors comme un possible récidiviste. Au bureau du DA – District Attorney – de New York, on prend au sérieux cet « antécédent ». Le fait-on uniquement à partir d'informations de presse ? Ou possède-t-on un canal plus officiel avec des autorités françaises, qui permettrait de valider « l'affaire Banon » ?

Dès le 16 mai, le site *Atlantico*, réputé proche de l'Élysée, fait état d'une collaboration étroite entre les autorités diplomatiques et policières françaises et américaines. Il cite un rapport du NYPD faisant état de l'implication de l'accusé « *dans des scandales sexuels* » antérieurs. Outre l'affaire Banon, certains services français, réguliers ou parallèles, abreuvent la police de New-York d'informations extrêmement négatives concernant Dominique Strauss-Kahn. Si la droite française n'a pas organisé l'affaire du Sofitel, certains de ses membres ont saisi l'occasion pour enfoncer DSK.

XIII

En route vers l'enfer

Lorsque, le dimanche 15 mai, la nuit tombe sur Paris, Dominique Strauss-Kahn se trouve toujours en garde à vue à Harlem. « *Je n'oublierai pas l'image de cet homme, derrière les grillages, dans la cour du commissariat*, déclare un caméraman de l'agence Reuters. *Il était traité comme un chien*[1]. » L'accusatrice arrivée au commissariat vers 17 heures, cachée sous un grand drap blanc, confirme totalement ses accusations. Elle reconnaît son « agresseur » parmi quatre ou cinq autres hommes, à travers une vitre sans tain. Dominique Strauss-Kahn est devenu figurant dans un mauvais film : « *Je ne sais pas qui étaient les autres gars ni comment on les avait choisis. Ils ne me ressemblaient pas en tout cas. Il était donc difficile de nous confondre*[2]. » La reconnaissance représente toujours un pas décisif avant l'inculpation d'un suspect.

1. Entretien avec l'auteur, 22 août 2011.
2. Entretien avec l'auteur, 1er octobre 2011.

Elle suppose que la plaignante n'ait pas eu l'occasion de le voir, excepté sur le lieu du crime. Est-ce le cas de Nafissatou Diallo ? Pas sûr. « *Cette employée de l'hôtel Sofitel a ignoré l'identité du patron du FMI jusqu'au lendemain de son agression présumée* », affirme son avocat Me Jeffrey Shapiro, le mardi 17 mai. « *Elle n'avait aucune idée de qui il était,* ajoute-t-il, *elle n'avait jamais eu affaire à lui auparavant.* »

Cette affirmation est cependant battue en brèche par le témoignage d'une femme de chambre du Sofitel, publié le 17 mai dans *Le Figaro* : « *Parlant un anglais sommaire,* écrit le reporter qui a passé une nuit à l'hôtel, *elle* [la femme de chambre] *ne connaît ni le FMI ni DSK; elle ne parle que de ce "VIP venant du même pays que vous". Comment donc avait-elle appris que la personnalité à l'origine du scandale était française ? "Mais parce que sa photo avait été affichée, dans le local où nous nous changeons, avant sa venue dans l'hôtel !" De manière compréhensible, le management de l'hôtel attirait l'attention de son personnel à l'avance, avant l'arrivée de VIP, clients à soigner particulièrement.* » « *Les médias européens qui doutent de cette affaire, cela m'énerve* », rétorque de son côté le « frère » de la plaignante. *Elle ne savait pas qui était Dominique Strauss-Kahn au moment des faits. C'est moi qui lui ai expliqué quand elle m'a appelé.*» Or, selon les avocats de DSK, la photo de leur client avait été montrée à Nafissatou Diallo avant le *line up*, la procédure d'identification.

Ce dimanche 15 mai, en fin d'après-midi, on impose à DSK une deuxième séance de photos. « *J'étais tout nu dans une grande pièce,* raconte-t-il. *On m'a pris en photos sous toutes les coutures. C'était humiliant et pénible, car j'entamais ma deuxième nuit sans sommeil*[1]. » Il est un peu plus de 23 heures à New York, Dominique Strauss-Kahn après trente heures d'audition quitte le commissariat de Harlem, l'air sombre. Les photos montrant l'accusé menotté dans le dos lors de la *perp walk,* la marche du suspect, font le tour du monde. Il passe sans un mot devant la petite foule de journalistes et de photographes qui l'attendent. Il monte à l'arrière d'une voiture de police banalisée, assis entre deux policiers. À 23 heures 36, la police annonce que DSK ne bénéficie d'aucune immunité diplomatique. À 1 heure du matin, ce lundi 16 mai, le *New York Post* assure qu'on a trouvé des griffures sur le torse du suspect, attestant d'une lutte avec la plaignante. L'information est reprise, au conditionnel, dans le monde entier. Elle est fausse, on le sait. Dominique Strauss-Kahn se trouve à cet instant dans un hôpital de Manhattan, pour y subir des examens médicaux complémentaires. On prélève sur lui des fragments de peau. Mais aucune trace de lutte n'est trouvée sur son corps. Il n'est pas près de dormir. Vers 4 heures du matin, une voiture

1. Entretien avec l'auteur, 12 octobre 2011.

de police le transporte au tribunal pénal de Manhattan dans le quartier de Wall Street. Là, il est enfermé dans le centre de détention du tribunal. Assis sur un banc, il n'arrive pas à fermer l'œil. Le jour se lève sur Manhattan. Dominique Strauss-Kahn attend de comparaître, espérant être enfin libéré sous caution. Les heures passent. Rien ne vient. À 11 heures 30, on lui fait monter les escaliers qui mènent au tribunal. Sans explication, on le redescend. À 12 heures 15, Dominique Strauss-Kahn est présenté devant la juge Melissa Jackson, de New York. Depuis quarante-huit heures, il n'a pas fermé l'œil. On ne l'a pas non plus laissé se laver ni se raser. Débraillé et hagard, il est exhibé devant la presse internationale. N'ayant pas non plus changé ses lentilles de contact, Dominique Strauss-Kahn, très myope, vit la situation dans un brouillard total.

L'audience ne dure qu'un quart d'heure. Elle vise à signifier formellement à DSK son inculpation. On donne lecture du procès-verbal de la plainte. Il indique que, selon la victime, l'accusé a : « *1) fermé la porte de la pièce et empêché cette personne de quitter la pièce ; 2) a touché les seins de cette personne sans son consentement ; 3) a tenté de retirer de force les bas de cette personne et lui a touché la zone du vagin de force ; 4) a forcé la bouche de cette personne à toucher son pénis à deux reprises ; 5) n'a pu commettre ces actes qu'en utilisant sa force physique.* »

Il résulte de cette plainte sept chefs d'accusation, recouvrant à la fois des faits présumés de viol et d'agression sexuelle. L'un d'eux est retenu deux fois : la fellation, qualifiée d'« *acte sexuel criminel du premier degré* ». Les autres, une seule fois : la « *tentative de viol au premier degré* », l'« *abus sexuel au premier degré* », la « *séquestration au deuxième degré* », l'« *abus sexuel au troisième degré* », ainsi que des « *attouchements non consentis* ». Chaque tentative de fellation forcée est passible au maximum de vingt-cinq ans d'emprisonnement. Les autres chefs d'inculpation peuvent valoir à DSK de quinze ans à trois mois de prison. La justice américaine étant cumulative, DSK pourrait au total être condamné à soixante-quatorze ans de privation de liberté au cas où il serait reconnu coupable des sept chefs d'accusation.

Le fond du dossier n'est pas à l'ordre du jour de cette brève audience du 16 mai. Le tribunal de Manhattan doit seulement se prononcer sur une éventuelle mise en liberté du prévenu. L'avocat Ben Brafman tente de prouver que son client n'a pas cherché à fuir la justice en se rendant à l'aéroport JFK de New York, le samedi : « *J'ai un fichier électronique qui montre que son itinéraire était prévu depuis quelques jours,* annonce-t-il à la barre. *Sa présence dans cet avion est cohérente. Ce n'est pas un homme qui fuit* [...], *c'est un homme qui avait prévu des rendez-vous à l'avance.* »

Benjamin Brafman met le paquet. Il propose un million de dollars, plus une garantie financière, la remise du passeport de DSK, qui l'empêcherait de quitter le territoire américain et le port d'un bracelet électronique permettant sa surveillance constante par la police. Malgré toutes ces garanties, la juge refuse la libération conditionnelle. Dominique Strauss-Kahn se penche vers son avocat. « *Je lui ai dit que je souhaitais prendre la parole pour affirmer que je n'avais jamais voulu fuir. Il m'a dit que c'était inutile*[1]. »

En effet, la juge partage la ligne intransigeante du procureur. Elle ne doute pas de la culpabilité de DSK.

À la sortie du tribunal, Me Brafman se dit « *déçu par la décision du tribunal* » de ne pas accorder la liberté sous caution à son client, mais déclare aux journalistes que « *la bataille ne* [fait] *que commencer* ».

« *L'intention de M. Strauss-Kahn,* conclut-il, *est d'essayer de rétablir son nom et sa réputation.* »

Sa réputation ? D'heure en heure, dans le monde entier, des révélations sur sa vie privée contribuent à la détruire.

1. *Ibid.*

XIV

Le calvaire d'Anne Sinclair

« Il est cinq heures, Paris s'éveille… » Ce dimanche 15 mai, les journalistes sont sur le pont. Réveillés dans la nuit, ils accourent dans les rédactions. Dispositif d'urgence. Cela rappelle le 11 septembre 2001, sauf que les chaînes tout-info sont désormais plus nombreuses. Elles se livrent une guerre sans merci pour devancer leurs concurrentes. De chez eux, en pyjama, les commentateurs livrent par téléphone leurs premières analyses. Dans la matinée, ils commencent à apparaître sur les plateaux, plus ou moins bien coiffés : DSK est-il hors-jeu pour la présidentielle ? Risque-t-il des dizaines d'années de prison ? Possède-t-il une immunité diplomatique ?… Directeurs de journaux, spécialistes du droit américain, responsables socialistes, chacun tente de répondre aux questions pendant qu'au bas des écrans, des déroulants donnent, toujours au conditionnel, les dernières informations : *« Selon une source bien informée, Dominique*

Strauss-Kahn devrait comparaître dans la journée devant un tribunal de Manhattan. Il pourrait être inculpé de "tentative de viol, agression sexuelle et séquestration". »

Comment imaginer que Dominique Strauss-Kahn puisse être innocent ? Alors que déferlent de toutes parts des informations qui dressent de l'ancien favori des sondages le portrait d'un malade sexuel violent et brutal, la défense se fait extrêmement discrète. Les heures passent sans que le camp de DSK ne fournisse de version contradictoire. « *Rien à déclarer pour l'instant* », répond par texto Anne Hommel, l'attachée de presse de DSK, à l'auteur de ce livre qui tente de la contacter vers 6 heures du matin. Les communicants de DSK sont hors-jeu. Les cercles concentriques de la galaxie strauss-kahnienne ont été pulvérisés par la déflagration. Famille, amis politiques, anciens membres des cabinets ministériels ou de la mairie de Sarcelles, copains d'HEC, ils ont eu le temps au fil des heures de se parler, d'échanger quelques rares informations et de prendre conscience de la gravité de la situation. Tous manifestent la même sidération à l'annonce du désastre. Durant cette nuit du 14 au 15 mai, la machine à paroles qu'était la Strauss-Kahnie se mure dans le silence. Et Anne Sinclair ? Dans les rédactions, on commence à s'interroger. Où est passée l'épouse de DSK ? Que fait-elle ? Que pense-t-elle ? Nul ne le sait. Nous allons ici, pour la première fois, répondre à ces questions.

Anne Sinclair, comme nous l'avons vu, s'entretient avec son mari le samedi 14 mai, peu avant 22 heures, alors qu'elle dîne au restaurant Rebellato, rue de la Pompe, en compagnie du couple Frydman. Il l'informe de ses soupçons de piratage informatique. Après avoir raccroché, l'ancienne présentatrice de *Sept sur Sept* appelle Stéphane Fouks, le patron de la société de communication EuroRscg qui gère l'image de DSK depuis plusieurs années. Quelques mois plus tôt, EuroRscg avait fourni des téléphones sécurisés au patron du FMI, ainsi qu'à Anne Hommel, son attachée de presse, et à Gilles Finchelstein, son conseiller le plus proche. Pour évoquer la situation, Anne Sinclair et Stéphane Fouks décident d'un rendez-vous le dimanche 15 mai au matin avec « Dominique », au domicile du couple Strauss-Kahn, place des Vosges. Après le dîner, Anne Sinclair fait une brève apparition à l'anniversaire de son ami le chanteur Patrick Bruel qui fête ses cinquante-deux ans. Elle part aux alentours de minuit, au volant de sa petite Austin, décidée à se réveiller à l'aube pour accueillir son mari dont l'avion arrive à Roissy vers 6 heures du matin. Quand elle s'endort, Dominique Strauss-Kahn se trouve déjà au commissariat de Harlem. En plein sommeil, elle entend la sonnerie du téléphone. À ce moment-là, tout bascule. Il est 1 heure 30 du matin. « *J'entends la voix de Camille au téléphone. Elle est en pleurs et me demande : "Tu as des nouvelles de papa ?"*

À ce moment-là, pour moi Dominique est au-dessus de l'Atlantique. Un bref instant, je crois que l'avion s'est écrasé. Camille m'explique qu'elle se trouve avec son compagnon au commissariat de Harlem, et qu'on ne l'autorise pas à voir son père. Elle attend un avocat envoyé par le FMI, qui vient rendre visite à Dominique. C'est très difficile pour moi de vous raconter ce qui s'est passé. J'étais dans le brouillard et ma mémoire reste pleine de trous[1]. »

Peu de temps après l'appel de Camille, Anne Sinclair quitte la place des Vosges, avant que journalistes et photographes ne viennent s'agglutiner devant son domicile. Anne Hommel est passée la chercher en compagnie de Daniela et Jean Frydman, le couple d'amis fidèles chez qui elle va trouver refuge. Ce 15 mai au matin, Anne Sinclair voudrait absolument parler à son mari. L'avocat Taylor, encore à Washington, lui dit que c'est impossible. « *Dites à Dominique que je crois sans hésitation à sa totale innocence. Dites-lui que je l'aime* », crie-t-elle à l'avocat. Que ressent-elle au fond d'elle-même ? « *Je me dis que cette affaire risque de foutre en l'air sa candidature à la présidentielle. Mais ce n'est pas mon souci principal. Je suis d'abord une femme qui souffre pour l'homme qu'elle aime*[2]. » En veut-elle à « Dominique » d'avoir, par sa « légèreté », compromis sa carrière et de lui

1. Entretien avec l'auteur, 7 octobre 2011.
2. *Ibid.*

avoir imposé une terrible épreuve ? Elle ne veut pas répondre à cette question. C'est le secret de leur couple. Il est des portes que les journalistes ne doivent pas forcer.

Ce dimanche 15 mai, les proches accourent chez les Frydman, pour entourer Anne Sinclair. L'avocat Jean Veil, qui va assurer la liaison avec ses confrères américains, Gilles Finchelstein, le conseiller et ami de DSK, les enfants de Dominique Strauss-Kahn et ceux d'Anne Sinclair, les « communicants » Stéphane Fouks et Ramzi Khiroun. Et, bien sûr, Anne Hommel qui entretient une relation quasi filiale avec le couple Strauss-Kahn. Ils sont une dizaine de personnes qui tuent le temps dans le salon des Frydman. Nul ne croit, évidemment, à la version de la police américaine. On se dit que « Dominique » est tombé dans un piège. Mais faute d'informations, on se contente d'échafauder des hypothèses avec le sentiment de tourner en rond. Un seul téléviseur est allumé dans la maison, à la cuisine. On s'efforce d'empêcher Anne Sinclair de voir les images qui passent en boucle.

À l'extérieur, on s'interroge sur son attitude. Dans les médias, on rappelle l'affaire Piroska Nagy d'octobre 2008. À l'époque, Anne Sinclair avait pardonné publiquement, en évoquant sur son blog une « *aventure d'un soir* », avant d'affirmer que son mari et elle « *s'aimaient comme au premier jour* ». Cette fois, il ne s'agit pas à priori d'une simple liaison entre adultes consentants. DSK est accusé d'un crime. Les journalistes s'interrogent : Anne Sinclair va-t-elle lâcher son mari ? La réponse négative arrive via un sobre communiqué, publié par l'AFP à 16 heures 38, à Paris. Sans équivoque. Anne Sinclair, totalement solidaire de l'homme de sa vie, déclare ne pas croire « *une seule seconde aux accusations* » d'agression sexuelle portées contre lui. « *Je ne doute pas,* poursuit-elle, *que son innocence soit établie. J'appelle chacun à la décence et à la retenue.* » Pourquoi avoir attendu si longtemps ? « *Je n'avais pas la tête à faire un communiqué,* répond Anne Sinclair. *C'est Gilles Finchelstein qui y a pensé. Je me suis mise dans un coin, j'ai rédigé quelques lignes, puis Gilles a relu et a corrigé une ou deux formules*[1]. »

À ce moment, Anne Sinclair connaît par William Taylor la version de DSK. L'avocat de Washington et son confrère new-yorkais Benjamin Brafman ont eu la possibilité de s'entretenir avec leur client. « *En quelques minutes,* se souvient Dominique Strauss-Kahn, *je leur ai livré ma version des faits*[2]. »

Et ils l'ont cru. Anne Sinclair aussi croit son mari. Elle pense qu'il va être libéré. Taylor lui a parlé de l'accord passé avec la procureure adjointe Lisa Friel. Cet accord permettra aux enquêteurs de prendre deux ou trois semaines, afin de vérifier les accusations de la plaignante, avant de pronon-

1. Entretien avec l'auteur, 7 octobre 2011.
2. *Ibid.*

cer une inculpation. Il laissera aussi à DSK, libre, mais soumis à la seule contrainte de rester aux États-Unis, le temps de préparer sa défense. Cet accord, conforme à l'usage et au droit américain, aurait sans doute permis de confondre rapidement Nafissatou Diallo, évitant ainsi à Dominique Strauss-Kahn les conséquences tragiques qu'il a subies. Il sera pourtant remis en cause par le procureur Vance.

Dans un nouvel appel téléphonique, Me William Taylor annonce que la libération conditionnelle sera repoussée au lendemain. « *Taylor me dit que les négociations se passent mal. Je comprends que l'affaire ne se réglera pas dans la journée. Mais je ne pense pas à ce moment-là qu'on va envoyer Dominique en prison*[1]. » Anne Sinclair prépare son départ pour New York, où Jean Veil et Anne Hommel comptent l'accompagner. Elle passe une deuxième nuit chez les Frydman. Les télévisions montrent Anne Mansouret qui accuse Dominique Strauss-Kahn d'avoir tenté de violer sa fille. « *C'est un malade* », l'entend-on répéter à l'envi. En vingt-quatre heures, Dominique Strauss-Kahn est passé du statut de favori de la présidentielle à celui de détraqué sexuel fuyant d'une chambre d'hôtel, en abandonnant « *son portable et ses effets personnels* ». Un moment, Anne Sinclair passe la tête dans la cuisine. Elle voit des images de son mari

1. Entretien avec l'auteur, 12 octobre 2011.

au temps de sa splendeur. On le montre dans une conférence, souriant au milieu des grands de ce monde. C'était quelques jours ou semaines plus tôt. Une éternité. Sous ces images défilent des mots : « arrestation »… « inculpation »… « viol »… Un spectacle insoutenable. Au bord du malaise, Anne Sinclair court dans les toilettes.

Dans la nuit, Anne Sinclair parle avec William Taylor. On est dimanche soir. À New York, les choses se précisent. Après l'audience au tribunal, prévue le lundi matin, son mari, une fois inculpé, sera libéré sous caution – 250 000 dollars exactement. Pour s'assurer qu'il restera sur le territoire américain, on lui prendra son passeport. « *Mon souci est alors d'ordre pratique. Comme il n'est pas question de rentrer à notre domicile de Washington qui sera encerclé par les journalistes, je contacte notre prof de gym. Il pourrait nous accueillir dans sa maison du Maryland, près de Washington, où nous pourrions nous réfugier quelque temps. Dominique sera-t-il trop fatigué pour prendre la route le soir même ? Allons-nous dormir à New York ? Je ne suis pas vraiment consciente des conditions de sa garde à vue. Je me demande même si je dois réserver deux billets d'avion New York-Washington*[1]. »

Anne Sinclair n'est pas encore arrivée au bout de son calvaire. Après une deuxième nuit passée chez les Frydman,

1. *Ibid.*

elle embarque à Roissy vers 10 heures, le lundi matin, accompagnée de Jean Veil et Anne Hommel. Il est 4 heures du matin à New York. Dominique Strauss-Kahn vient d'arriver au dépôt du tribunal. Il ne doute pas d'être libéré à l'issue de l'audience prévue vers 9 heures. « *Quand j'apprends que l'audience est repoussée, je commence vraiment à m'inquiéter. Plus le temps passe, plus je réalise que cela tourne au vinaigre* », explique Dominique Strauss-Kahn. Toute la matinée, jusqu'à la dernière minute, ses avocats négocient le *bail*, la caution, avec le bureau du procureur. Ils sont déstabilisés par l'intransigeance de leurs interlocuteurs. Ils s'entretiennent quelques minutes avec leur client juste après l'audience. « *Je porte les mêmes habits depuis samedi,* raconte Dominique Strauss-Kahn, *un pantalon noir en coton, une chemise et un imperméable, des vêtements prévus pour voyager. Comme on m'a confisqué toutes mes affaires, je ne peux évidemment pas me changer. Dans le centre de détention où je suis enfermé, il y a des toilettes et un petit lavabo. Je peux me débarbouiller, mais bien évidemment, par peur du suicide, on ne donne pas de rasoir aux prévenus. Je suis soumis à la règle des gardes à vue. Est-ce que je me soucie de mon apparence ? De toute façon, cela ne changera rien. Je me doute que je vais être filmé pendant ma comparution devant le tribunal. Je commence à en prendre l'habitude depuis le* perp walk *du dimanche soir. Là, les policiers avaient exagéré. La voiture dans laquelle je devais monter se trouvait garée à deux cents mètres. Ils auraient pu l'approcher devant la porte du commissariat. Mon exhibition a été voulue, comme celle d'autres personnes célèbres avant moi. Elle a été soigneusement organisée par l'installation de tribunes pour les journalistes.* »

À 12 heures 15, en entrant dans la salle d'audience, le directeur général du FMI réalise qu'il va dormir en prison. Une fois l'audience terminée, on lui autorise un bref aparté avec ses avocats dans un box prévu à cet effet. « *Ils me disent qu'ils vont intenter immédiatement un recours devant la Cour suprême, mais que, en attendant, pendant quelques jours, je vais aller en prison.* » Que ressent-il à ce moment-là ? « *D'une part, je connais la loi américaine et j'ai confiance en mes avocats. Je sais qu'on ne pourra pas m'incarcérer longtemps. Mais d'autre part, comme rien ne se passe de manière rationnelle, je suis inquiet. J'ai l'impression d'être aspiré dans un précipice. Est-ce que je pense à mon image ? À ma carrière politique ? Bien sûr. Mais ce n'est pas mon souci principal. Mon obsession pendant toute cette période est d'arriver à joindre ma femme et mes enfants. Comment vivent-ils la situation ? Je voudrais les rassurer. Je suis partagé entre la colère et le découragement.* »

Il est un peu plus de midi, heure locale, lorsque Anne Sinclair arrive à New York, accompagnée de Jean Veil et Anne Hommel. Le tribunal vient de décider d'emprisonner son mari. « *Je l'apprends à l'aéroport par l'appel d'un de mes fils, David, qui a entendu les infos à Paris : Dominique n'est pas libéré. C'est l'effondrement total, un choc épouvantable, le sol se dérobe sous mes pas*[1]. »

La descente aux enfers n'est pas finie. Sans passer à leur hôtel, le Michelangelo, Anne Sinclair, Anne Hommel et Jean Veil se rendent directement au cabinet de Benjamin Brafman sur la 3e avenue. « *C'était la première fois que je le voyais*, raconte Anne Sinclair. *Je m'attendais à rencontrer un as du barreau et je me retrouvais devant un homme désemparé par la non-libération de Dominique. Il tournait en rond dans son bureau et n'arrêtait pas de répéter : "En trente-cinq ans de carrière, je n'ai jamais vu cela. Jamais ! C'est une décision aberrante." Tout en l'écoutant, je n'arrive pas à comprendre qu'un avocat comme Brafman n'ait pas réussi à obtenir pour Dominique ce qui est accordé d'ordinaire à tous les prévenus aux États-Unis. J'ai l'impression à ce moment-là que plus rien n'est contrôlé. Et on ne peut toujours pas parler avec Dominique. Je ne sais même pas dans quel état il se trouve. C'est terrifiant*[2]. »

Après l'audience, le directeur général du FMI est emmené dans le centre de détention du tribunal. « *Un très mauvais souvenir*, dit-il. *Je n'avais pas dormi depuis deux nuits et on*

1. *Ibid.*
2. *Ibid.*

me fait remplir d'innombrables papiers administratifs en vue de mon admission en prison. J'ai l'impression que cela dure des heures. » On le soumet aussi à un examen. Les autorités craignent qu'il se suicide. « *Le psychologue,* se souvient Dominique Strauss-Kahn, *me pose plein de questions sur mon état d'esprit. Il me dit qu'après le choc que j'ai vécu, il serait normal que je perde espoir. Je lui réponds que je n'éprouve aucune tentation suicidaire. Franchement, l'idée de me suicider ne m'a jamais traversé l'esprit. J'étais malheureux et inquiet de la souffrance d'Anne et de mes enfants, je m'en voulais beaucoup à moi-même d'avoir cédé à une tentation stupide avec Nafissatou Diallo. C'était sans doute la première fois de ma vie que je m'en voulais autant, mais je n'étais pas du tout désespéré. Je n'étais pas dans l'état d'esprit d'un coupable qui veut se punir. Au contraire. J'étais furieux. Victime d'une histoire rocambolesque qui ne pouvait relever du simple hasard, j'avais envie de me battre pour en trouver l'origine ; j'avais envie de me battre afin de prouver mon innocence. Je savais que mes avocats négociaient et j'espérais être libéré quelques jours plus tard après l'audience devant la Cour suprême*[1]. »

On ne fait rien cependant pour améliorer son moral. Lors du transport vers la prison de Rikers Island en milieu d'après-midi, Dominique Strauss-Kahn est complètement

1. *Ibid.*

enchaîné selon les mesures extrêmement rigoureuses décidées après le 11 septembre 2001. Outre les menottes passées par-devant avec les mains sur le ventre, son corps est entravé par deux lourdes chaînes en fer : l'une relie les deux pieds et l'autre, formée de gros maillons, passe derrière le dos et attache ses mains à son ventre. Il subira ce traitement à deux autres reprises, le jeudi suivant pour aller de la prison au tribunal, puis en revenir. Le transport se fait, chaque fois, dans un van à l'intérieur duquel le prisonnier est solidement encadré par des gardiens de taille impressionnante, spécialisés dans la surveillance de détenus dangereux.

La prison se situe sur l'île de Rikers, entre le Queens et le Bronx, à l'est de New York. C'est un des plus grands établissements pénitentiaires des États-Unis. Elle abrite dix-sept mille détenus. On l'a surnommée « la prison des gangsters ». Les bagarres y sont fréquentes. Et un prisonnier avec le profil de DSK, riche, célèbre et réputé « violeur », peut aisément se faire massacrer par d'autres détenus.

Pour préserver sa vie, on l'installe dans une cellule individuelle à West Facility, un petit bâtiment réservé aux prisonniers porteurs de maladies transmissibles. La cellule mesure douze mètres carrés et comporte un lit en fer, une petite table et un WC non séparé. Dès son arrivée, le nouveau détenu se soumet à une batterie d'examens médicaux. Il est à nouveau entendu par un psychologue. *« Je lui répète ce que j'ai dit un peu plus tôt à son confrère. Mais il ne veut rien entendre. Il a des consignes. La prison ne peut pas prendre le moindre risque avec moi. Il interprète chacune de mes réponses dans le sens souhaité. Quand il me dit qu'on va me mettre sous surveillance antisuicide, je lui réponds que cela risque vraiment de me démolir le moral. Mais chacun de mes mots le renforce dans ses convictions.* » On impose donc à Dominique Strauss-Kahn une tenue antisuicide. Il se retrouve nu sous une robe en tissu très épais, fermée aux épaules avec des scratchs, impossible à déchirer afin d'éviter une pendaison. Dans le même but, il porte aux pieds des chaussures en toile et sans lacets. On lui prend aussi sa montre, de crainte qu'il n'utilise le verre pour se tailler les veines. « *Je chausse du 43 mais, comme on n'avait pas de chaussures antisuicide à ma taille, je me suis retrouvé avec du 47, ce qui m'a donné pendant quatre jours une curieuse démarche*[1]. » Théoriquement, un gardien doit le surveiller dans sa cellule toutes les quinze ou trente minutes, y compris la nuit où il doit s'assurer qu'il respire. Son poste étant juste en face de la cellule, il lui suffit de lever les yeux pour observer le prisonnier. Le lundi soir, vers 18 heures, Dominique Strauss-Kahn prend son premier dîner de prisonnier à Rikers Island. L'extinction des feux est à 20 heures. Il s'endort rapidement. « *Je n'ai pas demandé de*

1. *Ibid.*

somnifère, dit-il. *On ne m'en a pas proposé. J'ai toujours eu un bon sommeil.* » Il est épuisé et va dormir profondément, mais pas très longtemps. Le réveil est à 5 heures. Le mardi, en ouvrant les yeux, Dominique Strauss-Kahn réalise qu'il est en prison. « *Cela fait vraiment très bizarre...* »

Puis il reçoit la visite du consul général de France à New York, Philippe Lalliot, qui lui apporte un livre, un « polar », et des journaux américains. « *C'était la première fois que je les lisais depuis mon arrestation. Effaré, je comprends que cela commence à sentir mauvais.* » Durant la première journée, Dominique Strauss-Kahn n'a pas droit à la promenade quotidienne d'une heure, l'après-midi, dans la cour de la prison. « *Je tourne en rond dans ma cellule. Le gardien aussi s'ennuie. Alors, nous discutons un peu. Il est très sympa, comme tous les gardiens rencontrés à Rikers Island. Il ne ressent aucun a priori à mon encontre. Au contraire. Il me dit : "On ne comprend pas ce qui vous arrive. Même le pire des gars qui tue un policier dans la rue est mieux traité que vous*[1]*".* »

Dans la soirée, le prisonnier reçoit une deuxième visite, celle de son avocat William Taylor. Celui-ci transmettra à Anne Sinclair la demande par DSK d'une montre en plastique et d'une provision de cent dollars sur son compte personnel à la prison, afin de lui permettre de « cantiner ». Le détenu

1. *Ibid.*

n'a pas très faim, mais il voudrait s'acheter quelques denrées comestibles. Taylor lui explique les négociations en cours pour arriver à un *bail*, une libération sous caution, après un appel devant la Cour suprême. À cet instant, Dominique Strauss-Kahn est encore directeur général du FMI.

Dès le dimanche 15 mai, le conseil d'administration du FMI a nommé le numéro deux, l'Américain John Lipsky, directeur intérimaire. L'institution, dit-on, « *travaille normalement* ». Mais le lundi 16, au sommet de Berlin, les ministres des Finances de l'Union européenne discutent officieusement du remplacement de DSK. Si certains invoquent un « délai de décence », le nom de Christine Lagarde est déjà avancé. Après l'incarcération de DSK, la situation devient intenable.

Officiellement, l'institution n'a jamais demandé publiquement sa démission. Mais le 17 mai, Timothy Geithner, secrétaire d'État au Trésor des États-Unis, premier pourvoyeur de fonds du FMI, dit tout haut ce que beaucoup pensent tout bas, en déclarant que DSK « *n'est pas en mesure de diriger le FMI* ». Le principal intéressé en est conscient : « *C'est une question de bon sens. D'un strict point de vue pratique, je ne peux même pas communiquer avec l'extérieur. Et puis, il faut préserver l'institution, surtout dans cette période de turbulences, avec la dette grecque*[1]. »

1. *Ibid.*

Dans la soirée du mardi 17 mai, dans sa cellule, DSK dicte à Taylor, qui a transporté un petit ordinateur, sa lettre de démission de directeur général à l'attention du conseil d'administration du FMI :

« *C'est avec une infinie tristesse que je me vois obligé aujourd'hui de proposer au conseil d'administration ma démission de mon poste de directeur général du FMI. Je pense d'abord en ce moment à ma femme, que j'aime plus que tout, à mes enfants, à ma famille, à mes amis. Je pense aussi aux collaborateurs du FMI avec lesquels nous avons accompli de si grandes choses depuis plus de trois ans. À tous, je veux dire que je réfute avec la plus extrême fermeté tout ce qui m'est reproché. Je veux préserver cette institution que j'ai servie avec honneur et dévouement, et surtout, surtout, je veux consacrer toutes mes forces, tout mon temps et toute mon énergie à démontrer mon innocence*[1]. »

Selon son contrat, DSK perçoit lors de sa démission une indemnité forfaitaire d'environ 240 000 dollars correspondant à 60 % de son salaire annuel, évalué à plus de 400 000 dollars. Il n'est évidemment pas à plaindre au plan financier. Mais, en trois jours, il a tout perdu, alors qu'il n'a commis aucune faute dans son travail. Même ses adversaires reconnaissent qu'il fut un grand directeur général du FMI.

1. *Ibid.*

Le mardi, Dominique Strauss-Kahn a cherché à joindre son épouse à laquelle il n'a toujours pas pu parler. « *C'est un terrible souvenir,* raconte Anne Sinclair. *Le téléphone a sonné plusieurs fois. On me disait qu'on voulait me parler en PCV. C'était le seul moyen dont disposait Dominique qui n'avait pas d'argent. Mais pour recevoir la communication, je devais disposer d'un compte spécial. Or je n'en avais pas. Donc, plusieurs fois Dominique m'a appelée sans que je puisse lui parler. C'était très cruel. J'en étais vraiment malade.* »

Le mercredi, Anne Sinclair pourra enfin converser avec son mari. La veille, elle a crédité son compte téléphonique d'une somme de vingt-cinq dollars, ce qui lui permet de recevoir des appels en PCV. Elle ne verra pas son mari à Rikers Island. Les visites sont autorisées seulement les mercredi et jeudi. Elles se déroulent par ordre alphabétique. Le mercredi est réservé aux prisonniers dont le nom commence par les lettres allant de « A » à « L ». Le « S » de Strauss-Kahn arrive le jeudi. Or l'audience devant la Cour suprême prévue pour le vendredi est avancée au jeudi.

« *Mes avocats,* raconte Dominique Strauss-Kahn, *ont bon espoir de voir aboutir le recours. Mais, jusqu'au dernier moment, je ne suis sûr de rien.* »

Depuis le lundi matin, Anne Sinclair s'efforce de remplir les conditions exigées pour la libération de son époux. On parle maintenant d'un million de dollars de caution et cinq millions de garantie. « *Je passais mon temps à téléphoner à ma banque à Paris pour qu'elle dégage les sommes nécessaires, et à chercher un logement pour Dominique*[1]. »

Le jeudi 19 mai, le tribunal pénal de Manhattan accorde à Dominique Strauss-Kahn la libération conditionnelle. Le tribunal de l'opinion, lui, commence à peine à délibérer.

1. Entretien avec l'auteur, 1er octobre 2011.

XV

Présumé coupable

Et la femme de chambre ? Après vingt-quatre heures consacrées aux réactions autour du sort de Dominique Strauss-Kahn, le ton change, en France, durant la journée de lundi. Animateur d'une émission quotidienne très populaire entre 13 heures et 14 heures, sur Radio Monte Carlo, Éric Brunet publie sa première *Lettre à Nafissatou Diallo*. En voici de larges extraits :

« Lundi 16 mai 2011. Je t'écris ce petit mot de Paris, pour te dire que, depuis dimanche, l'affaire DSK a fait sombrer les Français dans le désarroi et la démence. »

« Nafissatou, toi qui travaillais au Sofitel de New York, j'espère que, de ton appartement du Bronx, tu n'as pas entendu les rodomontades douteuses de l'ancienne ministre Christine Boutin et de Michèle Sabban, vice-présidente socialiste du conseil régional d'Ile-de-France, qui expliquaient l'une et l'autre aux Français que tu es le pivot d'un complot destiné à

détruire le futur candidat socialiste à la présidentielle française. [...] Oui Nafissatou, toi la Guinéenne, la francophone, je sais, tu as entendu parler du pays des droits de l'homme... Et justement, DSK c'est l'homme ! Il est aimé, il a de nombreux amis, il est riche, c'est un french lover, *un séducteur... Et un homme comme ça ne saurait être un violeur. Impossible ! Pas Dominique ! Toi, dans cette affaire, Nafissatou, tu es la femme. Et, de surcroît, sacrée petite cumularde, tu es pauvre, mère célibataire, immigrée et noire. De là à penser que tu as monté cette histoire pour le fric, il n'y a qu'un pas que la moitié de la France s'apprête à franchir ! CQFD !* [...] *Voilà Nafissatou, les Français n'ont pas besoin d'attendre que la justice américaine passe. Ils ont désigné leur coupable : toi.* [...] *Face à soixante-quatre millions de certitudes, ta voix ne pèse pas lourd, Nafissatou. Maurice Barrès, un écrivain français que tout le monde a oublié, écrivait : "Revêtons nos préjugés, ils nous tiennent chaud." Les préjugés sont contre toi, Nafissatou. Alors, ils se déchaînent. Aujourd'hui, lundi 16 mai, lendemain de ta présumée agression, ils invoquent un soi-disant bug dans ton emploi du temps qui rendrait ton témoignage caduque. En France, les conseillers EuroRscg de DSK martèlent aux journalistes que tu es laide, une façon de signifier que tu n'étais pas désirable et donc pas violable. CQFD ! Autre argument pitoyable : après la théorie du complot, on commence déjà à parler d'un rapport consenti. Tu aurais accepté de faire librement l'amour à midi, dans l'hôtel Sofitel... Bientôt, ils diront que tu es une nymphomane... Tu verras, ils n'ont pas de limites ! Méfie-toi, Nafissatou, ses avocats sont plus brillants que les tiens. Ils ont évité la prison à Michael Jackson et au rappeur P. Diddy, alias Puff Daddy, l'amant de Jennifer Lopez qui avait pourtant tiré des coups de feu dans une boite de nuit devant une centaine de témoins.* [...] *Le camp DSK dispose de plus d'argent que toi et il maîtrise à merveille l'art de la transaction... De l'argent, ils vont sûrement t'en proposer. Et des mensonges, ils vont t'en envoyer des dizaines au visage. Ça va te faire mal, le soir, quand tu rentreras dans ton petit appartement du Bronx. Alors, résiste, n'accepte aucune transaction. Pense à celles qui en France n'ont jamais osé déposer plainte. Et souviens-toi que sur RMC il y aura toujours quelqu'un qui pensera à toi !* »

Pendant plusieurs semaines, Éric Brunet écrira chaque jour une *Lettre à Nafissatou.* Il appellera aussi ses auditeurs à soutenir une initiative lancée sur Internet par un petit mouvement de droite, le Parti libéral, qui permet tous les trente clics « *d'offrir une rose pour Nafissatou Diallo* ».

La présomption d'innocence ? « Connais pas », pourrait dire Éric Brunet. Il faut reconnaître que cet animateur n'a pas l'hypocrisie de prétendre à l'impartialité.

Éric Brunet revendique ouvertement ses engagements à droite. Ses trois derniers livres en donnent une idée claire.

Ils s'intitulent : *Être de droite : un tabou français*[1], *Être riche : un tabou français*[2] et *Dans la tête d'un réac*[3]. Il anime sur Internet *Le premier blog à réaction* et plaide pour une meilleure représentation de la pensée « *réac* » dans les médias. Au printemps 2011, selon *Le Monde,* il participe à la mise en place d'un groupe de réflexion réuni à l'Élysée, afin de plancher sur les thèmes d'une future campagne du président Sarkozy, en compagnie d'autres journalistes – tels Étienne Mougeotte, directeur du *Figaro,* Gérard Carreyrou, éditorialiste à *France-Soir,* Charles Villeneuve, ancien patron du service des sports de TF1 –, autour de Jean-René Fourtou, président du conseil de surveillance de Vivendi, Michel Pébereau, président du conseil d'administration de BNP Paribas, et l'ancien ministre Alain Carignon[4].

Éric Brunet, qui a défendu avec fougue le bouclier fiscal et dénoncé l'immigration clandestine, se retrouve soudain en convergence avec ceux et celles qu'il combat habituellement, la gauche radicale et les féministes. De ce côté-là aussi, des voix commencent à s'élever contre un excès de compassion manifesté à gauche à l'égard de DSK. Présidente de OLF – Osez le féminisme – et future membre de l'équipe

1. Albin Michel, 2006.
2. Albin Michel, 2007.
3. Éditions Nil, 2010.
4. Selon certaines sources, ce groupe serait dissout.

de campagne de Martine Aubry, Caroline de Haas s'insurge : « *Quasiment à aucun moment, on n'entend parler de la plaignante, de son point de vue à elle, de ce qu'elle a pu ressentir.* » Aux dirigeants socialistes et même aux psychiatres qui expliquent sur les ondes que « violeur » et « séducteur » relèvent de deux catégories différentes, cette militante du PS répond qu'il n'existe pas de « *profil du violeur* » et que le viol concerne « *toutes les catégories sociales* ».

L'association Mix-Cité, de Clémentine Autain, ex-adjointe au maire de Paris et figure de la gauche alternative, « *s'indigne que, confrontés à la réalité du cas DSK, beaucoup de journalistes, d'hommes et de femmes politiques* [...] *plaignant le directeur du FMI, les socialistes, la France, n'aient pas un mot pour la victime* ». Du lundi 16 au mercredi 18 mai, pendant que DSK est incarcéré à Rikers Island, les déclarations se radicalisent au fil des heures. Le Parti communiste affirme que « *la notoriété* » *de DSK ne* [peut] *servir à banaliser le viol* », alors que le NPA – Nouveau parti anticapitaliste – d'Olivier Besancenot se dit « *choqué* » par les « *réactions de compassion* » envers le directeur du FMI.

Dans le collimateur, des déclarations d'amis de DSK qui ont mis le feu aux poudres. La première émane de Jean-François Kahn. Le célèbre journaliste, fondateur de l'hebdomadaire *Marianne*, est un ami de longue date d'Anne Sinclair. Il a été bouleversé par l'arrestation de DSK. Sur

France Culture, le lundi 16 mai, il suppose qu'il n'y a certainement pas eu dans la chambre du Sofitel une « *tentative violente de viol* », mais un simple « *troussage de domestique* ». Ces propos sont unanimement condamnés par la presse et les associations. Claude Guéant, le ministre de l'Intérieur, les juge « *particulièrement scandaleux* ». JFK doit présenter ses excuses. « *Cette formule, c'est une connerie*, confesse-t-il au *Nouvel Observateur. En fait, j'ai voulu dire que j'osais espérer qu'il n'avait pas commis quelque chose d'horrible.* »

Un autre ami de DSK suscite lui aussi un tollé. Jack Lang, interrogé sur France 2 par David Pujadas, s'indigne en tant que professeur de droit du refus de la juge new-yorkaise de libérer DSK sous caution, comme c'est la règle aux États-Unis « *lorsqu'il n'y a pas mort d'homme* ». L'ancien ministre de la Culture veut, évidemment, parler d'homicide. La coalition des ignorants et des malhonnêtes y verra une minimisation machiste du viol. Dans cette même interview sur France 2, Jack Lang critique avec sa fougue habituelle le « *système juridictionnel américain et le système médiatique en général* » : « *Je ne peux pas ne pas constater que, depuis deux jours, il y a comme une sorte d'acharnement, de lynchage, contre Dominique Strauss-Kahn.* […] *D'un côté, seule la voix de l'accusation est entendue.* […] *À aucun moment, il n'a été possible pour la défense de répondre, et il faut encore attendre de nombreux jours avant que DSK soit en état de répondre dans des conditions d'équité.* [...] *Il y a une série d'éléments qui font penser qu'on a envie de se payer un Français influent, puissant, et je ne suis pas sûr que les conditions d'équité* [...] *soient pleinement assurées.* »

Un autre juriste éminent sera accusé de pratiquer une « *solidarité de caste* » en faveur de DSK : Robert Badinter. Garde des Sceaux sous François Mitterrand, il est entré vivant dans la légende de la gauche pour avoir aboli la peine de mort en 1981. Le matin du mardi 17 mai au micro de France Inter, il fustige « *l'exhibition organisée par la police américaine* » et la « *mise à mort médiatique* » de Dominique Strauss-Kahn. L'ancien ministre de la Justice rappelle que, les procureurs et les chefs de la police américains étant élus, il est « *électoralement payant* » de traiter les puissants de ce monde comme le plus petit dealer de drogue.

Ce système juridictionnel américain, si souvent vilipendé par la gauche française, à cause notamment de l'application massive de la peine de mort, se trouve soudain paré de vertus nouvelles dans la voix de Gisèle Halimi. L'avocate, ex-députée socialiste, combattante historique du droit à l'avortement et de l'anticolonialisme, déclare au *Parisien* le mercredi 18 mai : « *Ce qui se passe aux États-Unis, avec la brutalité de cette justice, réaffirme la dignité des femmes et la protection des plus faibles.* [...] *Le fait de voir Dominique Strauss-Kahn, un homme puissant, encadré par des policiers au tribunal, cela montre à quel point il n'y a pas dans ce pays* [les États-Unis] *de justiciable VIP.* » Évoquant « *la levée de boucliers des amis* » de Dominique Strauss-Kahn, Gisèle Halimi se dit « *déçue par la gauche* » : « *Il ne me semble pas avoir entendu les Aubry, Guigou, Royal exprimer leur compassion pour la victime*, ajoute-t-elle. *Je le regrette, car s'il y a une chose qui doit prévaloir sur l'amitié, l'esprit de clan, c'est le respect des femmes.* » Pour elle, l'accusatrice de DSK « *dit la vérité* ». Gisèle Halimi n'en doute pas une seconde : « *Comment voulez-vous croire qu'une simple femme de ménage, noire, mère célibataire de surcroît, ne dise pas la vérité ? Quel serait son intérêt ?* [...] *Cette femme*, poursuit Gisèle Halimi, *a osé parler. Mais, bientôt, on va fouiller dans sa vie privée.* [...] *J'ai commencé à lire ici ou là des dénigrements. Mises en cause, ces femmes finissent par sombrer dans une dépression et regrettent d'avoir porté plainte.* [...] *L'objectif est, bien sûr, de les contraindre au silence.* »

En quelques jours, la tonalité dans les médias et dans la classe politique française a totalement changé. Le mardi 17 mai, à l'Assemblée nationale, le Premier ministre François Fillon demande, en plus de la présomption d'innocence, « *le droit au respect et à la compassion* » pour « *la victime présumée* », tandis que Martine Aubry appelle dans la même phrase à attendre « *la version* » de DSK et à « *respecter la jeune femme* ». Tout en réaffirmant la sacro-sainte « *pré-*

somption d'innocence », on utilise de plus en plus le terme de « *victime* » pour désigner Nafissatou Diallo. À ce stade de l'enquête, les termes juridiquement appropriés sont ceux de « plaignante » et « d'inculpé », toujours « *présumé innocent* ». Cet enjeu sémantique se trouve au cœur du débat passionné et passionnel qui se déroule le jeudi 19 mai sur le plateau de France 2 à l'occasion d'une émission spéciale sur l'affaire DSK, présentée par David Pujadas.

Devant des millions de téléspectateurs, Robert Badinter se fait sèchement rabrouer en direct par Laurent Joffrin, le directeur de la rédaction du *Nouvel Observateur*, qui lui dit, après avoir réaffirmé son attachement à la présomption d'innocence : « *Vous n'avez pas eu un mot, pas un mot pour la victime, pas un mot !* [...] *Quand on vous a posé la question, vous avez dit : "Oui, les victimes, évidemment, c'est un problème, mais imaginez le sort de cet homme puissant qui tout d'un coup se retrouve au ban de la société". Je vous parle amicalement. Cela veut dire que c'est beaucoup plus grave pour un puissant d'être mis au ban de la société que pour une faible femme dont rien n'indique aujourd'hui qu'elle ait menti, qu'elle soit une espionne, une agente de je ne sais qui. Si cela se trouve, imaginez, elle a dit la vérité. Vous n'avez pas eu un mot de compassion pour elle.* » Robert Badinter semble retenir sa colère : « *Je rêve, Laurent Joffrin.* [...] *Si vous dites à cet instant c'est* [Mme Diallo] *la victime, vous avez préjugé de la décision* [de la justice] *puisque Dominique Strauss-Kahn nous dit : "Je n'ai rien fait." Vous avez préjugé, vous avez dit : "Il est coupable" puisque* [elle] *est la victime.* [...] *Vous me reprochez à moi ce que vous foulez aux pieds, c'est-à-dire la présomption d'innocence. Dans cette affaire-là, on ne peut pas ne pas voir qu'il y a deux vérités face à face. Et que par conséquent, vous ne pouvez régler la question qu'en disant comme je l'ai fait : oui, il faut protéger les droits de la victime ; oui, il faut être attentif à sa condition ; oui, il faut respecter sa personne. De l'autre côté, vous devez respecter ce qui est en cause, et que vous semblez, vous, complètement oublier, c'est la présomption d'innocence.* » Présent sur le plateau, Ivan Rioufol, éditorialiste au *Figaro*, se régale de cet affrontement entre deux hommes de gauche : « *C'est très bien que vous vous fâchiez aujourd'hui, la gauche a oublié cette victime pendant quatre jours.* »

Directeur de l'hebdomadaire *Le Point*, Franz-Olivier Giesbert prend la parole à son tour : « *J'ai beaucoup d'admiration pour Robert Badinter. Il a le sens de l'amitié... On voit que c'est quelqu'un qui a le sens de l'amitié. C'est quoi un ami ? La définition est toute simple pour moi. C'est quoi un ami ? C'est quelqu'un qui, si on l'appelle à 1 heure du matin, parce qu'on a tué quelqu'un, va venir avec une pelle et va vous aider à enterrer le cadavre !* [...] *Moi aussi, je suis pour le respect de la présomption d'innocence. Mais il n'y a jamais eu un mot chez les socialistes pour cette femme.* »

C'est alors que Manuel Valls revient sur les images présentant DSK au tribunal : « *Moi, je vois un ami ici avec qui, il y a quinze jours encore, j'étais en train de discuter de l'avenir.* » Ému et en colère, le député socialiste de l'Essonne dénonce « *des débats où on met en cause Robert Badinter parce qu'il n'a pas parlé de la victime, où on met en cause la gauche parce qu'elle n'aurait pas parlé de la victime, où il y a un débat absurde sur la responsabilité des uns et des autres, sur la complicité de la soi-disant classe politique et médiatique à propos de ce qu'on aurait su ou ce qu'on n'aurait pas su sur Dominique Strauss-Kahn. Mais où est-on ? Où est-on ? Est-ce qu'on se rend compte qu'on est en train de créer les conditions d'une rupture profonde entre les citoyens et leurs dirigeants politiques ?* »

XVI

La mauvaise réputation

« *Ils savaient, mais ils n'ont rien dit.* » Telle une traînée de poudre, cette accusation se répand dans les médias durant les jours suivant l'arrestation de DSK. Ils savaient quoi ? Et qu'ont-ils tu ? Qu'il était un séducteur invétéré ? Un dragueur ? Un libertin ? C'était un secret de polichinelle. DSK n'est certainement pas le seul chaud lapin de la politique française. Mais il est le seul à être, depuis des années, brocardé pour cela par les humoristes, et sur toutes les ondes. Aucun auditeur ou téléspectateur ne pouvait ignorer son goût pour le beau sexe. « *C'est chaud, I want to fuck* », répétait le matin Laurent Gerra, imitant sur RTL la voix de l'ancien ministre des Finances, bien avant « l'affaire du Sofitel ». Sans parler de Stéphane Guillon qui, en mars 2009, fait hurler la sirène en direct sur France Inter et appelle à « *évacuer* » les femmes avant l'arrivée dans le studio du directeur général du FMI.

Cas unique en France, où le respect de la vie privée, garanti par la loi, fut toujours la règle, DSK a vu ses petits secrets, réels ou supposés, dévoilés dans la presse. Déjà, en 2003, *Le Nouvel Observateur* évoque, sans citer de nom, le passage d'un ancien ministre aux Chandelles, un club libertin bien connu de la capitale : « *Ce soir, il y a un plus : le ministre doit venir. Un vrai ministre.* [...] *Soudain il arrive. C'est bien lui. Un léger frémissement parcourt les troupes. Deux femmes l'accompagnent, jeunes, grandes et minces. "Il fait plus gros qu'à la télé, tu trouves pas ?" Son sourire est presque électoral.* » Les initiés croient reconnaître DSK, et depuis cet article, l'ancien ministre des Finances traîne une réputation « *d'échangiste* ». Vrai ou faux ? Peu importe. Le libertinage n'est pas illégal, et ses adeptes possèdent, en général, selon les psychiatres, un tempérament opposé à celui du violeur.

En juillet 2007, avant la désignation de DSK au FMI, le journaliste Jean Quatremer, correspondant de *Libération* à Bruxelles, écrit sur son blog : « *Le seul vrai problème de Strauss-Kahn est son rapport aux femmes. Trop pressant, il frôle souvent le harcèlement.* » Critiqué à l'époque dans l'hebdomadaire *Marianne* au nom du respect de la vie privée, Jean Quatremer nuance ses propos quelques jours plus tard : « *Pour bien connaître DSK, je sais qu'il est en séduction permanente, même s'il n'a jamais eu de gestes déplacés.*

Et que cela choque et a choqué, surtout hors des frontières hexagonales. Tous les journalistes qui ont couvert ses activités publiques – y compris à Marianne *– le savent et les anecdotes sont nombreuses. Mais être "pressant" n'est pas un délit pénal, que cela soit clair. En revanche, aux États-Unis, c'est tout comme. C'est tout ce que je voulais dire : une fois à la tête du FMI, il faudra que DSK ravale son côté "french lover" lourdingue.* » Ce texte de Jean Quatremer, passé inaperçu en 2007, est révélé au grand public quatre ans plus tard, juste après l'arrestation de DSK. On le présente parfois comme prémonitoire. C'est une vue de l'esprit. En réalité, avant le 14 mai 2011, ni Jean Quatremer ni personne d'autre dans la presse n'a jamais vu en DSK un violeur potentiel.

Et les femmes journalistes ? Après le « drame du Sofitel », Béatrice Vallaeys, rédactrice en chef à *Libération*, affirme qu'elle ne laissait jamais une femme aller seule interviewer Dominique Strauss-Kahn. Mais, à travers une tribune publiée peu après dans ce journal, trois de ses consœurs contredisent cette affirmation. Virginie Malingre (*Le Monde)*, Nathalie Raulin *(Libération)* et Nathalie Segaunes (*Le Parisien)* qui ont suivi longtemps les activités de Dominique Strauss-Kahn, notamment au ministère de l'Économie et des Finances, estiment qu'il est « *factuellement faux* » de prétendre qu'une journaliste ne peut pas interviewer seule DSK. *« Les rumeurs de ses aventures d'un après-midi bruissaient dans les couloirs du ministère, mais il n'y a jamais eu dans son comportement* [vis-à-vis d'elles] *de quoi crier au scandale, ni redouter une interview en tête-à-tête.* » Ces trois journalistes politiques poursuivent : « *Aucun doute, l'homme était dragueur, souvent un peu lourd. Les invitations galantes ou les plongées dans les décolletés étaient un gimmick quasi obligé des débuts de conversation.* […] *Mais nous n'avons jamais été agressées ni menacées.* »

Leur description du comportement de Dominique Strauss-Kahn a été confirmée à l'auteur par de nombreuses femmes l'ayant côtoyé, professionnellement, politiquement ou personnellement tout au long de sa carrière. Ce comportement peut choquer certaines femmes. Mais il n'a rien à voir avec l'image de DSK qui va se répandre dans les médias comme une traînée de poudre suite à son arrestation à New York. Les digues ont cédé, le torrent déferle.

Issue du forum du personnel d'Air France, une rumeur anonyme est érigée en « révélation » sensationnelle, reprise le 16 mai par les journaux les plus sérieux : Dominique Strauss-Kahn, juste avant d'être arrêté, se serait exclamé « *d'une voix forte* » et « *devant le personnel navigant commercial* » à l'adresse d'une hôtesse de l'air : « *Quel beau c... !* ». Dominique Strauss-Kahn, tel que décrit dans cette anecdote, serait complètement fou. En fuite et poursuivi pour tentative de viol, il ne pourrait se retenir d'attirer l'attention d'une manière totalement déplacée ! Le 16 mai encore, dans l'émission d'Éric Brunet, sur RMC, on présente le directeur général du FMI comme un être brutal, incapable de maîtriser ses pulsions.

Yannick Olland, envoyé spécial de la station, a emprunté la veille un vol Air France, que prenait très souvent Dominique Strauss-Kahn, pour se rendre à New York. Il raconte une autre anecdote saisissante : « *Quand j'ai parlé aux stewards et aux hôtesses de ce qui m'amenait à New York, eh bien, ils m'ont tout de suite dit que c'était un client difficile et qu'il avait déjà eu un comportement totalement déplacé vis-à-vis de certaines hôtesses. Alors, cela s'était terminé par une paire de claques pour le directeur du FMI, mais l'hôtesse en question aurait pu déposer plainte, d'après ce que m'a raconté un steward qui avait assisté, médusé, à la scène.* »

Réaction d'Éric Brunet : « *Ah oui, d'accord ! Vous n'en savez pas plus ? Il avait fait des avances ?* » Yannick Olland répond : « *C'était plus qu'une main aux fesses, pour être précis. Voilà... Tout l'équipage était particulièrement choqué et, entre personnels navigants d'Air France, ils me disaient que voilà, c'était de notoriété publique.* » Le journaliste de RMC est parfaitement honnête. Mais il s'est laissé abuser. Après enquête, nous pouvons affirmer que cet « incident » rapporté sur RMC n'a jamais existé, de même que Dominique Strauss-Kahn ne s'est pas écrié « *Quel beau c... !* » à l'adresse d'une hôtesse d'Air France, le 14 mai 2011. La direction tout comme les syndicats d'Air France démentiront officiellement toutes les allégations de mauvaise conduite de Dominique Strauss-Kahn à bord de leurs avions.

À propos de DSK, rien ne surprend plus. Les médias du monde entier reprennent l'interview sensationnelle publiée le 18 mai par le *Daily Telegraph*, le journal britannique le plus vendu. Celle d'un personnage pittoresque qui, tel un météore, intervient brièvement dans l'affaire DSK : Kristin Davis.

Cette ancienne mère maquerelle de trente-cinq ans, blonde décolorée à la poitrine opulente, est surnommée « Manhattan Madam ». À la tête d'un réseau de call-girls de luxe jusqu'en 2008, elle a fourni en chair fraîche pendant des années *« l'élite du monde entier, des célébrités, des politiciens, des sportifs...* » comme elle s'en vante sur son site Internet. Parmi eux, le gouverneur de New York, Eliot Spitzer. Ce démocrate, partisan, comme DSK, de la régulation économique, s'est opposé violemment aux banques au début de la crise financière de 2008. Coïncidence ? Peu après, il est obligé de démissionner, suite aux révélations du FBI sur sa fréquentation du réseau de « Manhattan Madam ». Emportée par le scandale, Kristin Davis est condamnée pour proxénétisme et passe quatre mois à la prison de Rikers Island. « Manhattan Madam », qui prétend avoir gagné jusqu'à cinq millions de dollars grâce au commerce des corps, entend se consacrer désormais à la défense des femmes malades du sida ou victimes de violences conjugales. Défendant la légalisation de la prostitution, elle « rêve » de se présenter en 2013 aux élections pour le poste de gouverneur dans l'État de New York.

Une des règles de base de son métier était la discrétion. Elle y déroge exceptionnellement, dit-elle au *Daily Telegraph*, car la situation est gravissime. « *Quand un homme agresse une femme, je ne protège plus son anonymat* », affirme-t-elle. « Manhattan Madam » prétend avoir connu DSK comme un de ses bons clients. Elle précise qu'en 2006, « *alors qu'il était candidat pour la direction du Parti socialiste*[1] », il l'avait appelée directement sur son portable, et avait payé mille deux cents dollars pour des séances de deux heures dans des chambres d'hôtel. « *En janvier 2006,* rapporte-t-elle au *Daily Telegraph, une des filles l'avait trouvé brusque et en colère, et avait refusé de le revoir.* » En septembre 2006, une autre prostituée, d'origine brésilienne, s'est aussi plainte d'avoir été malmenée.

Quelques jours après le *Daily Telegraph,* « Manhattan Madam » pousse un cri de colère dans le *Figaro* : « *Je ne veux plus protéger un homme qui abuse des femmes, j'espère que notre système judiciaire, qui est juste, le condamnera à hau-*

1. Il s'agit en fait de la primaire en vue de l'élection présidentielle de 2007.

teur des faits qui lui sont reprochés. » Soucieuse de témoigner en cas de procès de Dominique Strauss-Kahn.

Kristin Davis affirme avoir gardé sur un ordinateur les preuves de ses « transactions » avec lui. Elle apporte de nouveaux détails accablants sur le comportement d'un homme qu'elle dit avoir connu par Irma Ricci, l'une de ses « filles » vivant entre Paris et Londres : « *Irma lui offrait ses services régulièrement depuis 2002. Elle le rencontrait au club Le Baron à Paris. Elle m'a dit : "Ne lui envoie pas une petite nouvelle, il est trop agressif, trop brutal."* » « Manhattan Madam » évoque aussi une « *Américaine typique plutôt brune* », prénommée Samantha, qu'elle avait « fournie » à DSK : « *Quand j'ai appelé pour vérifier que tout s'était bien passé, j'ai senti qu'il y avait quelque chose. Elle m'a dit ne plus vouloir avoir affaire à lui. Il avait été physiquement agressif, dominateur, intimidant.* »

Tout incite à penser que le « témoignage » de Kristin Davis contre DSK est peu crédible. D'une part, « Manhattan Madam » ne peut donner aucune preuve des violences qu'elle impute à Dominique Strauss-Kahn contre ses « filles ». D'autre part, l'ancien directeur général du FMI, interrogé par l'auteur, affirme ne connaître ni Kristin Davis ni aucune de ses call-girls.

Alors que l'avocat de Nafissatou Diallo, Me Thompson, remue ciel et terre pendant plusieurs mois pour dénicher la moindre « victime » supposée de Dominique Strauss-Kahn, on ne l'entendra jamais évoquer les « filles » de « Manhattan Madam » prétendument maltraitées par l'ancien ministre français. Après un bref tour de piste médiatique, Kristin Davis disparaît totalement de la circulation. D'autres bientôt la remplacent.

En ce mois de mai 2011, un vent de folie souffle sur les médias français. Quelques-uns travaillent sur la réalité des accusations portées à New York contre DSK ou sur certaines incohérences de l'enquête. Beaucoup sont entraînés dans une course aux révélations sur la vie privée de DSK. À la télévision française, un sympathique couple d'Italiens connaît son heure de gloire. Ces quadragénaires prétendent avoir rencontré DSK quelques années auparavant à Paris dans un club libertin. « *Vous êtes sûrs que c'était lui ?* » interroge le journaliste. « *Oui*, répondent-ils en chœur. *Il nous a même dit : "Bonjour, je m'appelle Dominique Strauss-Kahn", en articulant bien son nom.* » Ces deux Italiens gardent un excellent souvenir de leur soirée libertine avec DSK. Ils se déclarent même volontaires pour témoigner en sa faveur !

En réalité, ni leurs doux souvenirs ni les accusations de Kristin Davis ne revêtent le moindre intérêt par rapport à l'affaire judiciaire en cours à New York. Peu importe. Le barrage a cédé. La sexualité de DSK, réelle ou fantasmée, est devenue le sujet de conversation des Français. On ne prête qu'aux riches. Et l'on prête beaucoup au prisonnier de

Rikers Island. On lui attribue de multiples aventures et une vie sexuelle extravagante. « *Il n'y a pas de fumée sans feu* », dit-on. DSK a beaucoup soufflé sur les braises. Elles courent, elles galopent les rumeurs… Ainsi, le 18 juin, au Festival du livre de Nice, un intellectuel de renom demande candidement à l'auteur s'il est vrai que l'ancienne présentatrice de *Sept sur Sept* « *organise des partouzes avec des petits garçons dans le riad de Marrakech* ». Il tient, dit-il, l'information « *d'une personnalité importante de l'UMP* ». La boîte à fantasmes est ouverte. Un journaliste tient un scoop qui, dit-il, « *peut faire sauter la République* » : il aurait vu dans une soirée sadomasochiste le directeur général du FMI fouetter jusqu'au sang des femmes… membres du gouvernement Fillon !

Tombé à terre, DSK est piétiné.

XVII

Le paria de Manhattan

Ce jeudi 19 mai 2011, vers 14 heures 30, à New York, la Cour se réunit au tribunal pénal de Manhattan pour statuer sur la demande de libération sous caution du plus célèbre détenu des États-Unis. Une centaine de journalistes se pressent pour pénétrer dans la salle d'audience. Les Français, dont le nombre est inhabituellement élevé, jouent des coudes pour obtenir une place qui ne leur est pas assurée. Filmées par des caméras du monde entier, Anne Sinclair et Camille, la fille de Dominique Strauss-Kahn, en vestes sombres, extrêmement émues montent les marches du tribunal. Dignité et courage. Dominique Strauss-Kahn est arrivé de la prison dans un fourgon cellulaire, solidement encadré, menottes aux poignets et chaînes aux pieds, comme le veut l'usage pendant un transport. Mais il a été totalement désentravé avant d'entrer en salle d'audience. Assis sur un siège en cuir, entouré par plusieurs policiers, il porte un costume gris et une chemise bleu clair, sans cravate. Ses vêtements paraissent propres. Son visage est rasé et plus reposé que trois jours auparavant. Anne et Camille, assises au premier rang, se tiennent la main. Dominique Strauss-Kahn esquisse un léger sourire en leur direction. L'ont-elles vu ? Le visage tendu, elles ne répondent pas. La séance commence. Dominique Strauss-Kahn est formellement inculpé. Il écoute, impassible, la lecture des sept chefs d'accusation.

L'enjeu de cette séance est surtout son éventuelle libération sous caution. Comme le lundi précédent, le procureur John McConnell, représentant l'accusation, s'y oppose avec force. Dominique Strauss-Kahn a de « *bonnes raisons de fuir,* assure-t-il. *Il dispose de moyens personnels, politiques et financiers pour fuir. C'est une personnalité internationale, qui jouit d'une influence dans le monde entier.* » Le procureur estime qu'une caution d'un million de dollars serait insuffisante. Le juge Michael Obus, plus conciliant, propose que DSK soit confiné à New York, pour l'empêcher de retourner à Washington où il pourrait trouver refuge à l'ambassade de France.

Du côté de la défense, on est mieux préparé que trois jours auparavant. William Taylor réplique que son client est « *un homme respectable. Il comparaîtra devant la justice.* [...] *Sa présence dans l'avion samedi dernier ne signifiait aucune volonté de fuir. Le billet avait été réservé plus d'une semaine à l'avance.* » À 15 heures 10, l'audience est suspendue. Le juge s'accorde un moment de réflexion avant de rendre sa décision. Dominique Strauss-Kahn envoie un baiser à son épouse qui lui répond aussitôt. À 15 heures 55, lors de la reprise de séance, le juge annonce qu'il accepte la demande de remise en liberté. « *À cet instant, j'ai ressenti un grand soulagement,* confie Dominique Strauss-Kahn. *Ce n'était pas acquis au début de l'audience. Mes avocats avaient bien négocié, mais les choses avaient si mal tourné depuis le début que je n'étais sûr de rien*[1]. » La descente aux enfers, commencée le samedi précédent, semble marquer un coup d'arrêt.

Mais les conditions sont exceptionnellement dures : outre une caution d'un million de dollars en liquide, une garantie de cinq millions de dollars, la remise du passeport, le port d'un bracelet électronique, Dominique Strauss-Kahn sera obligé de rester à Manhattan dans un logement surveillé jour et nuit par des caméras et des gardes armés payés par ses soins. Sa libération très conditionnelle ne sera effective que le lendemain. « *J'étais déçu de ne pas pouvoir immédiatement retrouver ma femme et ma fille. Nous n'étions pas au bout de nos peines. Dans cette affaire, chaque bonne nouvelle a toujours été immédiatement tempérée par un nouveau problème. Là, c'était des formalités administratives à remplir*[2]. »

1. Entretien avec l'auteur, 30 septembre 2011.
2. *Ibid.*

La question du logement est cruciale. Le juge a exigé des garanties très précises. Elles ont été données par les avocats de DSK.

Anne Sinclair pense avoir trouvé la solution : le Bristol Plaza, une résidence-hôtel de luxe dans le quartier de l'Upper East Side, à Manhattan. Elle s'y est installée mercredi. Le lieu devait rester secret, mais l'info a « fuité ». Sous la pluie, ce vendredi 20 mai, des journalistes accourus devant le Bristol Plaza attendent l'arrivée de DSK. D'autres, à Rikers Island, guettent sa sortie. Soudain, le bruit court que sa libération pourrait être retardée. Un moment d'angoisse pour Anne Sinclair : « *La propriétaire était très embêtée. J'avais pourtant signé un bail pour louer un appartement, payé le premier mois et versé trois mois de caution. Mais des copropriétaires se sont rebellés quand ils ont appris le nom des locataires. Ils ont lancé une pétition pour empêcher notre venue. Ce n'est pas forcément par hostilité à notre égard, mais peut-être par peur des troubles occasionnés par notre présence. Il faut dire que des journalistes s'étaient faufilés sans autorisation à l'intérieur de l'immeuble*[1]. »

Devant le Bristol Plaza, des journalistes recueillent les témoignages de riverains : « *On ne veut pas de lui chez nous !* » Pendant ce temps, les avocats de DSK négocient avec la Cour.

1. Entretien avec l'auteur, 6 octobre 2011.

Anne Sinclair se démène pour trouver un hébergement provisoire. Une solution est trouvée *in extremis* : un logement de fonction d'une société chargée des détenus en résidence surveillée. L'adresse, sera bientôt connue du monde entier : 71 Broadway, au sud de Manhattan.

Libéré vers 17 heures, ce vendredi 20 mai, l'ancien directeur général du FMI va retrouver son épouse dans le cadre d'une liberté réduite à sa plus simple expression. L'immeuble où s'installe le couple Strauss-Kahn est surveillé jour et nuit par des dizaines de journalistes, certains n'hésitant pas à planter des tentes pour se protéger de la pluie. Dans les maisons voisines se postent des paparazzi, et certains cars de touristes font le détour pour permettre à leurs occupants de venir poser pour la photo devant l'immeuble du « *Français* ». Dans ce pays où la liberté d'expression est sans limite, une certaine presse de caniveau a réveillé un sentiment xénophobe qui s'était déjà manifesté en 2003 après le refus de la France de s'engager en Irak aux côtés des États-Unis. Surnommé « le putois » ou « le pervers », DSK fait figure de paria aux yeux d'une partie de l'opinion new-yorkaise. Dans la rue, un badaud brandit un carton sur lequel on peut lire : « *DSK, pas chez moi !* »

À l'intérieur, les Strauss-Kahn vivent en reclus dans un studio d'environ vingt-cinq mètres carrés. L'immeuble est doté d'une terrasse et d'une salle de sports. Mais il est interdit à Dominique Strauss-Kahn d'y accéder. Il porte un bracelet électronique relié à un « répéteur » dont il ne peut s'éloigner de plus de vingt-cinq mètres et qui contrôle chacun de ses mouvements. De toutes façons, DSK ne peut quitter le logement, surveillé en permanence par deux gardes qui entrent toutes les cinq ou six heures pour vérifier qu'il ne s'est pas échappé… par la fenêtre, seul moyen de s'enfuir du studio situé au dixième étage. Anne Sinclair sort le plus rarement possible, pour éviter d'être poursuivie par les dizaines de journalistes en mal d'images et d'informations. Camille fait les courses afin de nourrir la famille. On la voit dans la rue portant des sacs en plastique. La photo, âprement disputée, fait le tour du monde. Dominique Strauss-Kahn a toujours voulu protéger ses enfants. Camille, étudiante jusqu'alors anonyme dans une université new-yorkaise, connaît une célébrité dont elle se serait bien passée. « *Camille Strauss-Kahn, so french so chic* », titre un journal américain.

Le dimanche 22 mai, DSK rédige un courriel d'adieu à ses anciens collaborateurs du FMI. Ce texte, publié intégralement par le site Internet de CNN, est beaucoup plus personnel que sa lettre de démission envoyée quatre jours auparavant au conseil d'administration du FMI. DSK explique qu'il tenait « *beaucoup à entrer en contact* [avec ses anciens collaborateurs], *directement et personnellement, pour exprimer* [sa] *profonde tristesse et* [sa] *frustration d'avoir à quitter*

[son] *poste dans ces circonstances* ». Après avoir réfuté une nouvelle fois les accusations portées contre lui, Dominique Strauss-Kahn écrit : « *Je suis confiant dans le fait que la vérité éclatera au grand jour, et que je serai disculpé.* » Il reconnaît, dans ce courriel, que « *ces derniers jours ont été extrêmement douloureux pour* [sa] *famille et* [lui-même] ». « *J'imagine que ça l'a été aussi pour chacun d'entre vous au FMI. Je suis vraiment désolé si ça a été le cas.* » Puis il revient sur ses premiers souvenirs au FMI « *dans l'atrium* » et ses premières impressions face « *à cette équipe, qu'*[il] *apprécie et admire profondément* », confessant même « *chérir les moments passés* [avec cette équipe]. » À propos de sa démission, DSK affirme : « *Je ne peux pas accepter que le Fonds, et vous, mes chers collègues, deviez partager de quelque manière que ce soit mon cauchemar personnel. Donc, j'ai dû partir.* » Refusant que ce scandale occulte le bilan de son action, il écrit : « *Les grands événements sont faciles à rappeler et à prendre pour référence, mais le travail quotidien de l'institution est beaucoup, beaucoup plus large.* » Son courriel s'achève par un « *au revoir* » – en français dans le texte – lourd de sens.

Au fond du trou, DSK s'envisage encore un avenir, même s'il ne peut en dessiner les contours. Pour l'instant, il doit faire face à une échéance matérielle angoissante. Le logement du 71 Broadway est provisoire. Les autres locataires ne veulent pas vivre dans un immeuble transformé en camp retranché. Eux aussi demandent le départ des Strauss-Kahn. Le lundi 23, on leur donne quarante-huit heures pour déménager.

Anne Sinclair se voit contrainte à une course contre la montre dans une ville hostile. Selon les conditions draconiennes imposées par la justice, le couple doit immédiatement trouver un logement « définitif » à ses frais, et impérativement à Manhattan. Sinon, DSK retournera en prison. Louer un appartement suffisamment grand pour loger aussi les gardes que le couple doit payer sur ses deniers, les Strauss-Kahn en ont les moyens financiers. Mais la mission est quasi impossible à cause de leur patronyme et de leur situation. Anne Sinclair se démène auprès de toutes les agences immobilières. Elle n'essuie que des refus. Il suffit qu'un seul habitant de l'immeuble s'y oppose pour faire échouer la transaction. Le lundi 23 mai, elle téléphone à Laurent Azoulai, ami du couple depuis de nombreuses années. Ce chef d'entreprise, ancien trésorier du PS, s'occupait aussi de l'intendance de DSK pendant la primaire socialiste de 2006. Anne Sinclair sait que Laurent Azoulai connaît du monde aux États-Unis, notamment dans l'immobilier à New York. Elle lui demande de les aider à trouver un appartement dans les délais extrêmement courts que leur laisse le juge. Ce 23 mai, Laurent Azoulai devait célébrer son anniversaire. Il laisse tomber sa famille et les amis invités chez lui. Mobilisation générale.

Les e-mails et les appels téléphoniques entre Paris et New York sont incessants. En quelques heures, il repère plusieurs appartements. Mais le juge est exigeant. Il faut absolument que le logement soit situé dans Manhattan, que la sécurité puisse être exercée, et que les voisins soient d'accord, ce qui dans le monde new-yorkais est quasi introuvable aussi rapidement. « *C'était un cauchemar,* explique Anne Sinclair. *Dès qu'on trouvait un appartement, quelqu'un au bureau du procureur en informait des journalistes. Aussitôt, certains d'entre eux encerclaient le bâtiment. Plusieurs logements nous ont été refusés à cause de fuites parmi les magistrats. Une fois, j'ai visité un très bel appartement avec une vue magnifique. Le loyer était raisonnable. Mais j'ai compris que, étant donné sa situation, il faudrait cinq gardes pour le surveiller, payés bien plus cher que le loyer*[1]. » Anne Sinclair envisage alors de louer une maison indépendante. Elles sont rarissimes à Manhattan. Deux maisons sont dénichées en catastrophe. Quand le propriétaire de la première comprend à qui elle est destinée, il augmente sensiblement son prix et exige même un an de loyers d'avance ! Finalement, en bout de course et face à l'échéance qui arrive à grands pas, Anne Sinclair opte pour la dernière maison proposée par Laurent Azoulai, dans le quartier de Tribeca, la plus chère sur le mar-

1. Entretien avec l'auteur, 16 octobre 2011.

ché à Manhattan : 50 000 dollars par mois. Les médias du monde entier vont montrer à leurs lecteurs ou téléspectateurs la « *prison dorée* » de l'homme qui, quinze jours auparavant, caracolait en tête des sondages. Certains, y compris au Parti socialiste, s'indigneront de « *l'indécence du train de vie* » de Dominique Strauss-Kahn. Son sort, pourtant, n'est guère enviable. Outre le port du bracelet électronique, il vit dans une maison dont l'accès est surveillé par des caméras, il ne peut en sortir sans autorisation demandée six heures à l'avance, et uniquement pour se rendre chez ses avocats, chez un médecin ou dans une synagogue. Autre contrainte : il ne peut recevoir plus de quatre personnes par jour et doit supporter la promiscuité constante avec trois gardes censés se relayer pour le surveiller jour et nuit. Deux sont postés dans le hall d'entrée de la maison, le troisième sur la terrasse. Le couple Strauss-Kahn restera trois mois dans cette maison de Tribeca. L'hebdomadaire *Le Point* évoquera « *un été en enfer* ». Le frère de DSK, Marc-Olivier, et sa belle-sœur Isabelle qui habitent à Washington sont parmi les premiers à leur rendre visite. Vanessa, la fille aînée de DSK, viendra aussi, tout comme Elie Levaï, l'un des fils d'Anne Sinclair. Si tous ne traversent pas l'Atlantique, famille et amis entourent le couple. « *Dès l'arrestation de Dominique, j'ai reçu des centaines et des centaines de messages e-mail,* raconte Anne Sinclair. *Ils venaient de nos amis personnels bien sûr et parfois de gens que nous ne connaissions pas. Côté PS, personne ne nous a lâchés. Martine Aubry, très bouleversée par l'arrestation de Dominique, nous appelait presque tous les jours. Les autres dirigeants aussi étaient très présents. Non seulement ceux qu'on appelle les strauss-kahniens, mais des gens comme Vincent Peillon et Manuel Valls qui n'étaient pourtant pas très proches de Dominique*[1]. »

Seul François Hollande ne s'est jamais manifesté. Le futur candidat socialiste à la présidentielle est en froid avec DSK depuis longtemps.

Pendant les quinze premiers jours, le couple Strauss-Kahn lit très peu la presse française. Il prend tardivement connaissance de commentaires très sévères, parfois insultants. Anne Sinclair en a particulièrement souffert. Elle a longtemps appartenu à l'élite journalistique. Elle ne s'y reconnaît plus aujourd'hui. « *Pendant tous ces mois, je n'ai quasiment parlé à aucun journaliste. Et pourtant, on mettait dans ma bouche des confidences imaginaires. Tout ce qu'on racontait à mon propos était faux. Quelqu'un comme Laure Adler, qui est une simple relation professionnelle, a été présentée comme une amie proche. Elle a tenu à mon égard des propos indécents qu'elle a ensuite regrettés*[2]. »

---

1. *Ibid.*
2. *Ibid.*

La scène est entrée dans l'histoire. Le 6 juin 2011, Dominique Strauss-Kahn et Anne Sinclair reviennent au tribunal pénal de Manhattan pour une nouvelle audience. Pour la première fois depuis son arrestation, il porte une cravate. Il n'est plus le prisonnier hagard et mal rasé du mois précédent. Mais une photo prise au zoom par un paparazzo rappelle au monde entier la réalité de la condition de DSK : elle montre sa cheville, lorsqu'il pose le pied au sol en sortant de la voiture devant le tribunal. On y distingue le bracelet électronique, substitut de l'antique chaîne du bagnard, qu'il doit porter jour et nuit. Dominique Strauss-Kahn et Anne Sinclair montent les marches du tribunal pénal, main dans la main, au milieu d'une haie de femmes de chambre d'hôtels new-yorkais criant « *Shame on you !* » – Honte à vous. Ce jour-là, l'audience ne dure que sept minutes. Dominique Strauss-Kahn plaide non coupable. Il ouvre ainsi la voie à un procès qui pourrait se tenir dans le meilleur des cas à la fin de l'année. Il veut aller au bout d'une procédure difficile et douloureuse, afin de prouver son innocence, alors que des chroniqueurs dans le monde entier lui conseillent de « négocier », en acceptant certains des chefs d'inculpation. Dans les semaines suivantes, l'affaire semble en sommeil. En l'absence de faits nouveaux, l'idée d'une culpabilité de DSK s'enracine. On répète qu'il risque de finir sa vie en prison.

Du côté de Nafissatou Diallo, malgré le départ de ses deux premiers avocats, rien ne fissure en juin l'image d'une honnête femme de ménage immigrée travaillant durement pour élever sa fille. Le 30 juin, *le New York Times* publie une grande enquête sur sa jeunesse, réalisée en Afrique par une équipe pléthorique de... sept envoyés spéciaux. Il en ressort que Nafissatou Diallo a connu la jeunesse ordinaire et difficile d'une jeune paysanne guinéenne. La faille pourtant n'est pas dans sa jeunesse. Et ce n'est pas la presse qui l'a découverte. À la surprise générale, le 30 juin, le procureur Cyrus Vance Jr, dans une lettre écrite aux avocats de DSK, remet en cause très sérieusement le crédit de l'accusatrice. Cet intraitable procureur, qui s'était empressé d'envoyer DSK en prison, annonce que la plaignante a menti non seulement sur son passé, mais aussi sur les faits eux-mêmes. Il détaille ses propos totalement contradictoires d'un interrogatoire à l'autre. Nafissatou Diallo apparaît désormais sous les traits d'une femme intéressée par l'argent, comme incite à le penser sa conversation téléphonique du 15 mai précédent avec son compagnon emprisonné en Arizona pour trafic de drogue. Quel coup de théâtre !

Ce 1er juillet 2011, l'affaire DSK semble s'effondrer. L'audience prévue pour le 18 juillet est avancée au jour même. Cette fois, le prévenu et son épouse montent, rayonnants, les marches du tribunal. L'humiliante assignation à résidence est levée. Finis le bracelet électronique et la surveillance nuit et jour par les gardes et les caméras. Dominique Strauss-Kahn peut se déplacer librement sur tout le territoire américain. On conserve pour l'instant son passeport. Pour quelques jours encore ? Chacun pense que le procureur va être conduit rapidement, dans la logique de sa lettre, à lever toutes les charges pesant sur le directeur général du FMI. Ce soir du 1er juillet, le couple Strauss-Kahn et leurs amis Frydman vont fêter l'événement dans un restaurant italien de Manhattan. « *C'est un agent de sécurité qui me l'avait indiqué,* raconte Anne Sinclair. *Je lui avais demandé : "Vous connaissez un restaurant pas trop fanzy*[1]*" ?* » La note s'élève à 600 dollars, soit 400 euros, réglée par Jean Frydman. « *C'est un peu l'euphorie, ce soir-là* », poursuit Anne Sinclair. Les clients et le personnel entourent les Strauss-Kahn comme s'ils étaient des miraculés. Les journalistes attendent en masse devant le restaurant. Ils demandent à voir la facture. Le patron, tout sourire, la brandit.

La somme est jugée excessive par des journalistes. On s'en indigne dans le monde entier. Pour la première fois dans l'histoire, une note de restaurant d'un montant élevé, mais non démesuré, et payée légalement suscite un scandale ! Mais ce n'est pas fini. Circonstance aggravante : on apprend que DSK a mangé des pâtes aux truffes. Certains s'indignent de

1. *Ibid.*

ce goût culinaire bourgeois qui interdirait à DSK tout espoir de retour en politique pour représenter la gauche.

Ce 1er juillet, en effet, tout paraît encore possible. La date limite de dépôt des candidatures à la primaire socialiste est fixée au 13 juillet. Si DSK, victime d'un faux témoignage, est blanchi dans les prochains jours, pourquoi ne pourrait-il pas briguer l'Élysée ? Il en a les compétences, nul n'en a jamais douté. Déjà, les sondeurs interrogent les Français. La couverture du *Point* montre un DSK souriant. Sous le titre : « *Le ressuscité* ». Mais une autre couverture, celle de *L'Express*, est illustrée d'un autre visage, celui d'une jeune femme blonde. Elle s'appelle Tristane Banon. Elle va barrer la route à DSK. « *Aujourd'hui*, déclare-t-elle à *L'Express*, *de voir Strauss-Kahn libéré, puis aussitôt dîner dans un restaurant de luxe entre amis, ça me rend malade.* »

Le 4 juillet, elle porte plainte contre DSK pour « *tentative de viol* ».

« *Je sais bien*, dit-elle encore à *L'Express*, *que la moitié des gens me croira, l'autre non. Il n'y a pas de bonne solution, seulement une qui fait que je pourrai enfin me regarder dans la glace.* […] *Pour une fois, je veux être maîtresse de ce qui m'arrive. Je voudrais qu'on m'entende, parce que j'ai peut-être enfin une chance d'être écoutée.* »

XVIII

Les mystères de Tristane

« *Rien n'est inventé mais tout est faux* », écrit Tristane Banon en exergue de son roman *Trapéziste*[1]. Sa vie la plus intime est la principale source d'inspiration de ses romans. Si les noms des personnes, les lieux et les dates parfois diffèrent, chaque ouvrage a pour héroïne une enfant, une adolescente ou une jeune femme qui s'appelle Flore Dubreuil et ressemble trait pour trait à Tristane Banon. Ce genre littéraire, l'autofiction, s'apparente à la psychanalyse. Il permet à l'auteur d'exprimer son inconscient, ses angoisses, ses souffrances, son mal-être. Et surtout de parler de son père et de sa mère qui l'obsèdent, chacun à sa manière. Pas de doute, pour connaître l'auteur, il faut lire attentivement son œuvre. Tristane Banon le répète elle-même dans les interviews où elle présente ses livres.

1. Éditions Anne Carrière, 2006.

Faut-il pour autant prendre pour argent comptant chaque fait qu'elle relate ? Ainsi, au chapitre treize de *Trapéziste*, Tristane Banon décrit une rencontre avec un homme politique qui tente de la violer. Dans une émission de radio sur RMC, en juillet 2011, l'avocat de Tristane Banon, David Koubbi, affirme que cette scène correspond strictement à la réalité vécue par sa cliente avec Dominique Strauss-Kahn. En est-il de même du reste de l'ouvrage ?

Il est jalonné de scènes assez crues. « *Les jambes écartées, le pantalon baissé, le T-shirt relevé et le soutif habilement dégrafé, je suis assise sur la table* », écrit Tristane Banon, racontant une soirée avec Thibault d'Arcour, « *l'un des hommes les plus célèbres du paysage audiovisuel français* », dans lequel on croit reconnaître Patrick Poivre d'Arvor, auquel elle dédie ce livre. Vérité ? Fiction ? Le fameux présentateur de télévision démentira toute relation intime avec la jeune femme.

Faut-il croire Tristane Banon quand, dans ses romans, elle évoque une relation sexuelle avec son demi-frère et une liaison amoureuse avec le mari de l'une de ses demi-sœurs ? Il est difficile de démêler le vrai du faux avec Tristane Banon tant elle se contredit souvent, comme si elle s'était perdue dans le labyrinthe des récits entrelacés de sa vie et de celle de son héroïne. « *La vérité, c'est dégueulasse* », chantait Léo Ferré. Dans la vie comme dans ses romans, Tristane Banon cherche à la fuir.

À sa naissance, le 13 juin 1979 à Neuilly-sur-Seine, Tristane Banon se prénomme Anne-Caroline. Elle change de prénom à dix-huit ans, à l'occasion d'un baptême chrétien qu'elle décide par amour pour un jeune homme rencontré en terminale. « *C'était un catholique pratiquant très traditionnel,* raconte une amie d'enfance. *Tristane rêvait de se ranger et de fonder avec lui la famille qu'elle n'avait pas connue. Cela n'a pas duré longtemps.* » Tristane change aussi de visage à vingt ans, suite à une opération de chirurgie plastique, rarissime à cet âge, sauf en cas de malformation ou d'accident. Puis de brune, elle devient blonde. Malgré cette métamorphose spectaculaire, attestée par ses photos d'adolescente, Tristane ne s'aime toujours pas. Dans son premier roman, *J'ai oublié de la tuer*, publié en 2004[1], elle se décrit – se dénigre ? – ainsi, devenue adulte : « *Moi, une sorte de gamine filiforme. Moi et mon air détaché de tout, ma peau pâle, mes cheveux blond foncé et le corps qui flotte dans un jean XXL, rayon enfant.* » Elle souffre de la comparaison avec sa mère. « *Même physiquement, à côté de ma mère, je fais petite chose* », déclare-t-elle en 2008 dans l'émission de Mireille Dumas sur France 2. Tristane Banon est une pauvre petite fille riche, élevée dans un magnifique appartement de la rue du Faubourg-Saint-Honoré et fréquentant depuis la

1. Éditions Anne Carrière.

maternelle jusqu'au baccalauréat l'École active bilingue, un établissement privé très réputé, près du parc Monceau. Elle ne manque de rien, excepté de l'amour d'un père et d'une mère, toujours absente. « *Je dois avoir sept ans*, écrit-elle dans son premier roman, *et ma mère à moi n'est pas là.* » Pour éviter de dire « *absente* », elle dit « *occupée* ». [...] « *Maman est un Arsène Lupin. Rentre à la maison comme une voleuse, repart avant d'être vue. Comme toujours, comme hier et comme demain, elle n'est pas là.* » Cette mère passionnée uniquement par elle-même, Tristane Banon la décrit ainsi dans son premier roman : « *Ma mère. Ma belle manipulatrice. Mon mensonge adoré. Continue de m'expliquer que non, son physique ne la fascine pas, et que si elle passe trois heures trente à se préparer – coiffée, lavée, maquillée, prestation de spécialiste –, c'est par pur dévouement social. Une sorte de minimum exigé de politesse. C'est que "par respect pour les gens qui m'entourent, je ne peux pas me permettre d'apparaître négligée"...* »

Contre toute évidence, le titre – *J'ai oublié de la tuer* – du premier roman de Tristane Banon ne désigne pas sa mère, mais celle qui la remplace, la « nounou » marocaine Amira, que la narratrice envisage de trucider à l'aide d'un grand couteau. Amira, réduite selon Tristane à « *cent treize kilos de graisse, d'alcool, de tristesse aussi* », était cruelle, battait la fillette, et la laissa même à dix ans dans les mains de son compagnon, un horrible bonhomme qui en profita pour lui imposer des attouchements. « *Quand je vais voir ma mère,* se rappelle Tristane Banon sur le plateau de Mireille Dumas[1] *et que je lui dis que la bonne me tape dessus, elle ne réagit pas.* [...] *Quand on a six ans, et que votre mère vous dit : "Dégage et va dans ta chambre", c'est dur !* » « *Je ne croyais pas l'avoir traumatisée à ce point,* répond la mère, *mais je n'ai jamais su exprimer de la tendresse.* » La mère se justifie à nouveau en 2011 dans *Paris-Match* : « *J'ai fait au mieux. J'ai fait "my way".* [...] *Sans doute pas comme il fallait. Je n'aurais pas dû lui dire que je n'aimais pas les enfants, quand elle avait dix ans, mais que voulez-vous, c'est la vérité !* »

« *Ma mère,* écrit Tristane Banon dans son premier roman, *fait partie des femmes que l'on appelle "entretenues", de celles qui font peur aux épouses et fascinent les maris en espérant que les enfants n'y voient que du feu,* [...] *femme d'affaires, femme indépendante, femme moderne, belle femme.... Femme. Pas mère.* » Qui est vraiment Anne Mansouret ? Sa biographie se perd dans les brumes des inexactitudes et des contradictions qui, plus encore que dans le cas de sa fille, jalonnent ses déclarations. La mère de Tristane Banon est née le 14 novembre 1945 à Téhéran, d'un père iranien et d'une mère belge. Bien qu'elle dise avoir grandi en Iran jusqu'à douze

1. *Vie privée, vie publique*, 10 novembre 2008.

ans, elle n'a pas gardé le moindre accent. Anne Mansoureh était son prénom et Riahi son patronyme. Elle l'abandonne lors de sa naturalisation française en 1966, pour devenir tout simplement Anne Mansouret. Après des études de droit et de sciences politiques, elle se lance dans la communication. On la retrouve responsable des relations presse des parfums Givenchy, puis associée au sein de SDMC, une agence spécialisée dans l'événementiel de prestige et la communication institutionnelle. Anne Mansouret, belle, élégante et sexy, ne se cache pas d'avoir eu beaucoup d'amants. « *J'ai connu des dizaines d'hommes par des agences et des centaines par les petites annonces* », déclare-t-elle en 1995 dans l'émission *Bas les masques* sur France 2. Anne Mansouret dit avoir été mariée et avoir divorcé trois fois. Mais elle n'en parle jamais publiquement. De son premier mariage, très jeune, elle a eu deux enfants, un garçon et une fille, âgés de quarante-quatre et quarante-cinq ans en 2011. Ils ont principalement été éduqués par leur père. Anne Mansouret n'a décidément pas la fibre maternelle. Au milieu des années 1970, âgée d'une trentaine d'années, elle rencontre un homme marié, son aîné de dix-sept ans. Gabriel Banon est un riche homme d'affaires franco-marocain qui dirige plusieurs entreprises, notamment dans l'immobilier. Lui-même père de trois enfants, il tombe vraiment amoureux d'Anne Mansouret et entretient avec elle une liaison de plusieurs années.

Gabriel Banon ne quittera pas sa famille légitime. S'il est présent le jour de la naissance d'Anne-Caroline, la future Tristane, et part la reconnaître à la mairie de Neuilly, Gabriel Banon « *a oublié le chemin du retour vers l'hôpital américain* », dira sa fille. Sa mère aussi, à sa manière, ne pense qu'à l'abandonner. Tristane à peine adolescente, elle lui propose de l'émanciper. Pendant un ou deux ans, alors qu'elle a onze ou douze ans, Tristane habite chez sa grande sœur. Est-ce la période du deuxième mariage de sa mère ? Difficile de l'assurer tant Anne Mansouret a brouillé les pistes de sa vie. C'est un moment, en tout cas, où Tristane est de trop dans l'appartement du Faubourg-Saint-Honoré. Bientôt, sa mère l'abandonne complètement. Tristane n'a pas treize ans quand Anne Mansouret déménage, pour s'installer dans le département de l'Eure, en Haute-Normandie. La politique l'y appelle.

Ses amis sont surpris car, jusqu'alors, on ne lui a pas connu de véritables engagements. Anne Mansouret, qui se situe plutôt à droite, se rapproche de la gauche par glissements successifs. Aux élections régionales de 1992, elle mène une liste de socioprofessionnels intitulée *Entreprendre pour l'emploi*. L'année suivante, elle est candidate aux législatives dans la deuxième circonscription de l'Eure sous les couleurs du Mouvement des réformateurs, fondé par le giscardien Jean-Pierre Soisson, devenu ministre d'ouverture dans le gouvernement de Michel Rocard. N'ayant pas été élue, Anne Mansouret adhère au Mouvement des radicaux de gauche, devenu PRG – Parti radical de gauche –, qui en 1994 la présente aux élections cantonales et européennes où elle figure en dix-huitième position sur la liste *Énergie Radicale*, menée par Bernard Tapie. Sous les mêmes couleurs, elle devient conseillère municipale d'Évreux en 1995, puis vice-présidente du conseil général de l'Eure en 2001, avant d'être élue conseillère régionale de Haute-Normandie sur la liste socialiste en 2004. Sa carrière politique, qu'elle mène parallèlement à son travail dans la communication, semble combler Anne Mansouret, telle que sa fille la décrit dans un de ses romans : « *Apparaître... Elle prépare ses apparitions comme une star qui entre en scène. Parce qu'à ce moment précis, je crois bien que le monde devient pour elle comme un vaste théâtre, une pièce tragique dont elle tiendrait perpétuellement le premier rôle.* »

Le départ de sa mère en province a créé un terrible traumatisme chez Tristane Banon. À quatorze ans, seule à Paris, elle s'installe dans une chambre de bonne, prêtée par la famille d'un médecin en échange de cours d'anglais aux enfants. Elle partage avec ses hôtes les repas du soir et goûte pour la première fois au bonheur simple d'une vie familiale. Dans le quartier de Pigalle où ils habitent, en face du Moulin Rouge, Tristane, bénéficiant d'une liberté rarissime pour une adolescente, fréquente aussi des bars de nuit. Durant ces années-là, les relations entre Tristane et sa mère sont tendues. La fille se rend de temps à autre en week-end à Évreux. « *Je l'ai accompagnée une fois avec des copains,* se rappelle son amie d'enfance. *Nous avons été bien reçus. Mais cela ne ressemblait pas à ce que je connaissais d'une mère.* » Tristane reste parfois de longues semaines sans parler à sa mère. « *Tristane,* selon une autre amie, *faisait tout pour attirer son attention. Elle inventait des histoires incroyables, prétendait, par exemple, s'être fait agresser. Juste pour que sa mère, inquiète, rapplique en catastrophe à Paris.* » Un soir, Anne Mansouret, sans nouvelles de sa fille, a dû faire la tournée des hôpitaux parisiens. Tristane est-elle une menteuse ? Elle s'invente des vérités. Romancière, elle n'a jamais créé de pures fictions. Les histoires qu'elle raconte, telles des caricatures, grossissent les traits de faits réels qu'elle a vécus. Il en va ainsi de sa relation avec son père.

XIX

À la poursuite du père imaginaire

« *Tristane Banon, abandonnée par son père le jour de sa naissance. Elle ne l'a jamais rencontré ni recherché.* » Pendant des années, cette phrase accompagne chaque présentation de la jeune romancière. Du plateau de Thierry Ardisson, dans *Tout le monde en parle*, en 2004, à celui de Mireille Dumas, dans *Vie privée vie publique*, en 2008, en passant par de nombreuses interviews données à la presse écrite, la jeune femme parle de ce père enfui le jour de sa naissance. Et enfoui à tout jamais. Sa mère confirme et parfois surenchérit à propos de cet homme présenté comme indigne. « *J'ai eu des nouvelles, mais jamais de chèque* », déclare Anne Mansouret dans l'émission de Mireille Dumas, en 2008. Dans *L'Express* du 30 juin 2011, Tristane Banon déclare : « *Je n'ai pas connu mon père et je ne sais pas s'il est encore vivant.* » La journaliste qui l'interroge ne s'étonne pas de la réponse. Et pourtant ! Gabriel Banon est un personnage public. Il possède une page sur Facebook et plusieurs articles à son sujet sont en ligne sur Internet. Né en 1928 à Casablanca, Gabriel Banon est le fils d'un notable respecté de la communauté juive marocaine, Jacob Banon. Dans sa ville natale, il reste en 2011 une personnalité influente, réputée proche du roi Mohammed VI. Sa vie a été bien remplie. Ingénieur civil et diplômé en droit, le père de Tristane Banon se retrouve à vingt-neuf ans, en 1957, à la tête des usines Japy, du groupe Worms, puis dirige plusieurs entreprises industrielles dans les années 1960 et 1970, avant de devenir PDG de deux sociétés d'investissement. Vice-président du Centre des jeunes dirigeants et proche du parti gaulliste, il est conseiller spécial pour l'industrie du président Georges Pompidou au début des années 1970.

Le grand tournant de sa vie se situe en 1993 lorsque, après les accords d'Oslo, il rencontre Yasser Arafat. Dans son livre *Le Partage de la mémoire*[1], paru en 2010, Gabriel Banon raconte le coup de foudre réciproque entre le chef de l'OLP et lui, juif marocain imprégné de culture arabe. Un pied en Israël, un autre dans les territoires palestiniens, des amis à Washington, d'autres à Moscou, Gabriel Banon possède des relations dans le monde entier. À cette époque, son gendre Pierre Lellouche est conseiller diplomatique de Jacques Chirac, qui entre à l'Élysée en 1995. Il a été élu

1. Éditions Séguier.

député de la huitième circonscription du Val-d'Oise en 1993, face à... Dominique Strauss-Kahn ! Nul doute que, avec son carnet d'adresses, Gabriel Banon va faire venir des entreprises à Ramallah et à Gaza. À l'instar de Shimon Pérès, le dirigeant travailliste israélien, il veut construire la paix par le développement économique. Son action est cependant controversée des deux côtés : certains Israéliens critiquent son lien privilégié avec Yasser Arafat. Des Palestiniens le soupçonnent d'en avoir tiré un bénéfice personnel. Arafat, cependant, selon Gabriel Banon, lui a conservé son amitié jusqu'à sa mort en 2004.

Depuis 1998, l'homme d'affaires a fermé ses bureaux à Paris. Il se partage entre la Suisse et le Maroc. Résidant principalement à Casablanca, sa ville natale, où il signe régulièrement des chroniques dans *Maroc Hebdo International*, il dirige la société d'investissement multinationale Strategic Partners Group, installée à Gibraltar, qui développe d'importants projets hôteliers, aéroportuaires, portuaires et dans le domaine de l'énergie. Au plan international, Gabriel Banon est depuis 2009 secrétaire général du groupe de travail israélo-palestinien de Caux (Suisse) pour la paix et la réconciliation. Par ailleurs, il a été nommé en 2005, par le président Poutine, membre du Conseil de sécurité économique de la Fédération de Russie. À ce titre, il tente d'attirer des investisseurs russes au Maroc. Il possède des contacts anciens avec les Russes qui semblent l'avoir introduit auprès de Yasser Arafat par l'intermédiaire de leurs alliés algériens en 1993.

Bref, à quatre-vingt-trois ans, Gabriel Banon reste en 2011 un homme actif et connu dans le monde entier. Il donne des conférences et prodigue ses conseils au gouvernement du Qatar ou à celui de Guinée-équatoriale. Comment sa fille Tristane peut-elle dire à *L'Express*, fin juin, qu'elle ne sait pas si son père « *est encore vivant* » ? Puis laisser écrire trois semaines plus tard, dans *Le Figaro*, que son père est cependant « *apparu trois fois* » dans sa vie[1], dont la dernière « *il y a quelques jours pour laisser ce message elliptique : "Tu vas arrêter maintenant"* » ? Ce père que Tristane disait mort lui parle sur un ton comminatoire ! Et pendant plusieurs semaines, nul ne s'en étonne. Sa résurrection est confirmée dans *Paris Match*, le 28 juillet 2011, par Anne Mansouret qui détaille les « *trois fois* » où Tristane Banon a vu son géniteur : « *La première fois,* raconte sa mère, *elle avait six ans. Il lui a offert un manteau rouge et l'a invitée à boire un chocolat chaud. La deuxième fois, il lui a offert un scooter. Et la troisième fois, il venait d'apprendre qu'elle travaillait dans l'édition et voulait savoir si elle pouvait l'aider à faire publier un livre sur ses rencontres avec les grands de ce monde.* » Drôle

1. *Le Figaro*, 19 juillet 2011, dans le cadre d'un article consacré à Tristane Banon et Anne Mansouret, et intitulé « Entre la mère et la fille, petits et grands secrets ».

de père effectivement ! Cette fois il est question d'un appel intéressé pour demander à sa fille de le pistonner auprès d'un éditeur. Est-ce crédible de la part d'un homme qui possède incontestablement plus de relations qu'elle, notamment un fils, Patrick Banon, ex-éditeur lui-même, devenu romancier et historien ? Ulcéré par les mensonges de sa fille, Gabriel Banon sort brièvement de son silence sur Europe 1, le 29 septembre 2011. Dans l'hebdomadaire *VSD* du 13 octobre 2011, il s'explique plus longuement. La naissance de Tristane, dit-il, lui a été imposée : « *Sa mère avait des idées derrière la tête, mais ça n'a pas marché. Elle le savait, j'avais dit que je ne divorcerais pas. Elle ne m'a pas cru. Elle a fait un choix.* » Il ajoute cependant : « *La petite, je n'ai pas voulu qu'elle paie en étant une fille née de père inconnu. Tristane devrait l'apprécier à sa juste valeur, car, surtout à l'époque, ce n'était pas facile pour un homme marié dans ma situation de le faire.* »

En réalité, Gabriel Banon n'a jamais cessé de voir sa fille. Elle a donc menti toute sa vie à son sujet. « *J'ai longtemps cru qu'elle ne le connaissait pas*, se rappelle une amie d'enfance. *Mais un jour, nous avions environ quinze ans, son père est venu la chercher à la sortie du lycée. Elle me l'a présenté. Et il nous a invitées à prendre un verre chez Daloyau, rue du Faubourg-Saint-Honoré*[1]. »

1. Entretien avec l'auteur, 16 août 2011.

Interrogé par l'auteur de ce livre, Gabriel Banon veut défendre son honneur : « *Je ne sais pas pourquoi Tristane a inventé cette histoire de père inconnu. C'est peut-être son éditrice de l'époque qui l'a conseillée, afin de faire pleurer dans les chaumières. C'est vrai, dans les années 1980, quand j'habitais aux États-Unis, je la voyais rarement. Mais j'ai fait plus que mon devoir. J'ai contribué à son éducation, avec sa mère nous l'avons envoyée dans une des meilleures écoles. J'ai beaucoup contribué financièrement. Sa naissance a posé un grave problème pour ma femme que j'aimais énormément. J'ai vécu cinquante-quatre ans avec elle, nous avons eu trois enfants, des petits-enfants. C'était douloureux pour ma femme, l'existence de Tristane. Un vrai drame. Je ne voulais pas d'un enfant. Sa mère me l'a imposé. À l'époque, il existait déjà la contraception, mais elle était intéressée par mon argent. Mon couple a été en péril. Mais Tristane est ma fille, et j'ai fait le maximum pour l'aider dans une situation dont je ne voulais pas non plus que souffrent mes autres enfants. Donc j'ai mis une cloison étanche entre Tristane et ses frères et sœurs. Mais moi, son père, je me suis toujours occupé d'elle. Je ne l'ai jamais cachée à mes amis, ils la connaissent tous. Je l'emmenais au restaurant avec eux parfois, j'allais la chercher à l'école, je la raccompagnais chez sa mère, je l'ai prise en vacances. Je ne l'ai jamais considérée comme un secret honteux. À chaque fois que Tristane avait besoin de quelque* chose, sa mère téléphonait et je répondais présent. Pourquoi a-t-elle dit qu'elle n'avait pas de père ? Tristane a beaucoup d'imagination. C'est une romancière et ce qu'elle raconte dans ses livres est souvent très éloigné de la réalité. Un exemple : la nourrice marocaine dont elle dit partout qu'elle la battait. C'est complètement faux. Je l'ai bien connue, je la voyais avec Tristane, cette femme était très gentille, très brave, très dévouée. Et DSK ? Tristane m'en a parlé incidemment pendant ses vacances dans ma maison de Montreux, en Suisse, il y a quatre ans. Le nom de DSK est venu dans la conversation et brusquement Tristane s'est déchaînée. Elle m'a raconté qu'il l'avait violentée. Est-elle là aussi victime de son imagination ? Je n'en sais rien, elle avait l'air secoué. Je ne pense pas qu'il a tenté de la violer, mais il y a eu vraisemblablement violence. Après… Tristane est une romancière, il est difficile de savoir ! Elle a tellement souffert de ne pas avoir vécu une vie familiale normale. Dans cette affaire, je ne sais pas si elle a bien fait de porter plainte. Elle ne m'a pas demandé mon avis. Elle a suivi sa mère comme toujours aveuglément. Et sa mère ? Elle a peut-être suivi des amis politiques, à gauche ou à droite, qui voulaient se débarrasser de Strauss-Kahn. Lui, je ne l'ai vu qu'une fois dans ma vie, quand il était l'adversaire de mon gendre de l'époque, Pierre Lellouche. Je lis ce qu'on dit de lui dans les journaux… Est-ce vrai ou faux ? Je ne voulais pas me mêler de cette affaire, mais quand j'ai vu cet été que Tristane *disait partout que j'étais mort, je l'ai appelée en lui disant : "Tu arrêtes. Tu sais très bien que j'ai des paquets de photos qui te montrent avec moi à tous les âges. Si tu continues, je vais les sortir. Tu vas te couvrir de ridicule". C'est pour cela qu'après, à la télévision, elle a reconnu avoir menti à mon propos*[1]. » Est-ce pour se venger de lui ? Tristane Banon a transformé un père peu présent en père inconnu. Elle l'a symboliquement tué.

« *L'enfant naturel, l'orphelin est malheureux et je le plains – Mais du moins, il n'est pas tenu – Au respect d'un père inconnu...* » Ces vers de Georges Brassens sont cités par Tristane Banon en exergue de son troisième roman d'autofiction *Daddy Frénésie,* publié en 2008 et consacré à la quête du père par le double de l'auteure, Flore Dubreuil. Âgée de vingt-sept ans, comme Tristane au début de l'histoire, situé en 2006, Flore, se présentant comme enquêtrice d'un institut de sondage, gagne la confiance d'un vieil homme, Stanislas Dubreuil, dans lequel elle croit reconnaître son père. Par ce stratagème, elle s'introduit dans une famille qui ignore jusqu'à son existence. Le bonheur de sa sœur lui étant insupportable, elle la pousse au suicide, en séduisant son mari. *Daddy Frénésie* accumule les ressemblances avec la réalité. Gabriel Banon, comme le père « imaginé », a deux

1. Entretien avec l'auteur, 1er novembre 2011.

fils et une fille : Patrick éditeur, Bruno comédien et Annie-Laure sculptrice, qui fut mariée à l'actuel secrétaire d'État au Commerce extérieur Pierre Lellouche. Leur mère Guilaine décède en 2006, comme la femme de Stanislas Dubreuil dont Tristane décrit l'enterrement dans son récit. Si les faits sont parfois romancés, le livre est très instructif sur la psychologie de l'auteure. Tristane Banon ne cache pas la jalousie que lui inspire sa famille paternelle dont on l'a tenue écartée. Elle s'avoue prête à tout pour se venger de son père. « *Vingt-cinq ans,* écrit Tristane Banon à propos d'elle-même, *qu'elle a cessé de le chercher à la maison. Vingt ans à croire que c'était peut-être sa faute, dix ans à le poursuivre, le transposer, le déceler chez tous les hommes de sa vie.* »

Que vient faire Dominique Strauss-Kahn dans cette histoire ? Pas grand-chose de son point de vue. Beaucoup pour elle. Comme le père de Tristane Banon, il est juif, a un lien très fort avec le Maroc où il a grandi et possède une maison. Il a une formation identique en droit et en économie, se passionne pour l'industrie, enseigne aux États-Unis et fréquente les grands de ce monde. Tristane a-t-elle identifié son père à Dominique Strauss-Kahn ? Elle le laisse entendre dans le vidéo-clip réalisé en 2008 pour la parution de *Daddy Frénésie.*

Ce vidéo-clip, qui dure deux minutes et trente-cinq secondes, consiste en un texte défilant lentement sur des images en noir et blanc accompagnées d'une musique particulièrement angoissante. La première séquence se déroule dans un cimetière où l'on distingue une silhouette qui déambule entre les tombes. En sous-titre : « *vingt-sept ans sans père sur vingt-sept... On ne lui doit rien... À quoi cela ressemble les liens du sang?...* » L'image nous transporte alors place des Vosges. La caméra filme les fenêtres de l'appartement de Dominique Strauss-Kahn. « *Cynique, ignoble, bas, cruel* », précise alors le commentaire qui désigne implicitement le directeur général du FMI. Une autre séquence nous montre des enfants jouant dans le square de la place de Vosges. « *Dormir, dormir pour ne plus penser* », peut-on lire alors. Tandis que la dernière séquence nous ramène, comme une obsession, sur ces fenêtres du couple Strauss-Kahn, une interrogation : « *Jusqu'où peut-on aller pour l'amour d'un père?* » Avant de conclure : « *Tout aurait été plus simple si mon père était mort dès le début.* »

Le message de ce vidéo-clip est des plus énigmatiques. Mais une chose est troublante : Dominique Strauss-Kahn semble obséder Tristane Banon depuis longtemps. Il y a une dizaine d'années à l'école de journalisme, elle faisait croire à ses amis qu'elle était la fille de DSK ! Elle a longtemps rêvé de le rencontrer. Si dissemblables, le destin de la jeune journaliste et celui de l'homme politique se sont télescopés au tournant du millénaire.

En 1997, Dominique Strauss-Kahn devient ministre de l'Économie, des Finances, de l'Industrie et du Commerce extérieur dans le gouvernement formé par le Premier ministre socialiste Lionel Jospin, au lendemain d'élections législatives remportées par la gauche, à la surprise générale. De son côté, Tristane Banon, le bac en poche, s'inscrit en droit à l'université d'Assas. Au bout de deux ans, elle s'aperçoit que ce n'est pas son « truc ». Elle entre à l'École supérieure de journalisme.

Pendant deux ans, tout sourit à Dominique Strauss-Kahn. Il qualifie la France pour l'euro, après avoir réduit les déficits et permis la création d'un million d'emplois, en favorisant la croissance économique. Mais le 2 novembre 1999, il doit démissionner du gouvernement, juste avant d'être mis en examen dans « l'affaire de la Mnef » – Mutuelle nationale des étudiants de France –, qui l'a embauché quelques années plus tôt en tant qu'avocat d'affaires, pour négocier un contrat. On lui reproche un document antidaté. On le soupçonne d'un travail fictif.

Le 21 septembre 2000, les routes de Tristane Banon et Dominique Strauss-Kahn se croisent une première fois. Très brièvement. Étudiante en journalisme, elle vient alors l'interviewer pour le journal en ligne *BtoB Avenue*, dans son bureau du conseil régional d'Île-de-France. Sujet de l'entretien : la nouvelle économie. Dominique Strauss-Kahn oubliera cette première rencontre. Elle n'a aucune importance pour lui. Tristane Banon en conservera une photo prise par le rédacteur en chef du journal en ligne Frédéric Mélot. Il s'agit de sa première interview.

Le 7 novembre 2001, Dominique Strauss-Kahn est relaxé par la 7e chambre du tribunal de grande instance de Paris. Sa prestation pour la Mnef était parfaitement réelle et légale. Il a été victime d'erreurs d'écriture dans la facture, « *qui n'ont eu aucune incidence sur le montant même de la rémunération et sa comptabilisation* », selon l'arrêt du tribunal. Après deux années de turbulences, marquées par deux autres accusations, elles aussi infondées, DSK renoue le fil de sa carrière politique. Réélu député de la huitième circonscription du Val-d'Oise en avril 2001, il reprend sa place aux côtés de Lionel Jospin, en vue de la campagne électorale de 2002. Au même moment, Tristane Banon, diplômée de l'École supérieure de journalisme, commence à travailler à la pige pour *Paris Match* et *Le Figaro*. À son âge, beaucoup de jeunes journalistes rêvent de partager le sort des Afghans, des Palestiniens, des mineurs de Lorraine ou des sans-papiers de Seine-Saint-Denis. La terre promise de Tristane Banon se situe, elle, entre Saint-Germain-des-Prés et les Champs-Élysées. Habituée des nuits parisiennes, elle s'intègre à la bande anticonformiste de l'écrivain Frédéric Beigbeder. La jeune « night-clubeuse » baudelairienne est fascinée par les célébrités. Son homme idéal ? L'animateur de télévision. Elle le dit sans ambages à la page quarante-trois de son roman *Trapéziste*, où elle décrit sa rencontre avec un jeune homme, après dix coupes de champagne dans une « cave » de Saint-Germain-des-Prés : « *Alors, plutôt que de lui expliquer que c'était simplement la gentillesse de son expression qui m'avait attirée chez celui qui semblait être le chroniqueur d'un talk-show en vogue, je lui ai confirmé que les femmes en général, et moi en particulier, avons toujours été séduites par le pouvoir. Or, il fallait bien reconnaître que la célébrité était le seul pouvoir émergent du* XXIe *siècle*[1]. » Au-delà du journalisme conçu comme un travail alimentaire, Tristane veut se lancer dans l'écriture. Elle possède un vrai talent de plume. À son âge, Françoise Sagan était depuis longtemps un écrivain connu. Tristane Banon rêve de lui ressembler. Fin 2002, à vingt-trois ans, elle décroche son premier contrat aux éditions Anne Carrière. Il ne s'agit pas encore d'un roman, mais d'un essai journalistique. Une série d'interviews de personnalités du spectacle, des affaires ou de la politique qui confesseraient à la jeune femme certaines erreurs commises dans leur vie. Le livre s'intitulera *Erreurs avouées (au masculin)*. Le sujet est intéressant, l'idée astucieuse, qui permet à Tristane Banon de pousser la porte de plusieurs vedettes médiatiques. Sur

1. Éditions Anne Carrière, 2004.

son carnet de bal, la débutante inscrit les noms du publicitaire Jacques Séguéla, des écrivains Philippe Sollers, Bernard Werber et Frédéric Beigbeder, des journalistes Michel Field et Philippe Gildas, du couturier Christian Lacroix, du dessinateur Enki Bilal et du chanteur Calogero. Il manque un politique. La jeune auteure pense à Dominique Strauss-Kahn. Dans une gauche en décombres, il se présente alors comme un outsider possible pour l'échéance de 2007. Dans l'émission *Mots croisés* sur France 2, le 18 mars 2003, son face à face avec Nicolas Sarkozy apparaît à beaucoup comme prémonitoire d'un possible duel quatre ans plus tard. Mais l'affrontement au sommet entre les deux hommes n'aura lieu ni en 2007 ni en 2012. Tristane Banon y sera pour quelque chose.

XX

« L'AFFAIRE BANON »

Tristane Banon s'entretient avec Dominique Strauss-Kahn une première fois le 5 février 2003, dans son bureau de l'Assemblée nationale, en présence de sa secrétaire. Huit jours plus tard, il la reçoit, seul, dans un deux-pièces situé au 13, rue Mayet dans le VIe arrondissement parisien, qui lui est loué par un de ses anciens conseillers à Bercy, Alex-Serge Vieux. Ce n'est pas vraiment une garçonnière, mais un domicile provisoire pour DSK entre janvier et mars 2003. Son couple traverse une crise depuis qu'il a découvert le commencement d'une liaison d'Anne Sinclair avec un autre homme. Voilà sans doute pourquoi Tristane Banon trouve ce logement peu meublé et apparemment peu habité. Que se passe-t-il alors entre la jeune journaliste et Dominique Strauss-Kahn ?

La version la plus connue est donnée par Tristane Banon, le 5 février 2003, dans *93, faubourg Saint-Honoré*, le rendez-vous culturel et branché de Thierry Ardisson sur la chaîne du câble Paris Première. Ce soir-là, selon le principe de l'émission, sujets graves et marivaudages alternent autour d'un souper aux chandelles réunissant des personnalités aussi différentes que les communicants Jacques Séguéla et Thierry Saussez, les journalistes politiques Claude Askolovitch, Jean-Michel Aphatie et Hedwige Chevrillon, l'acteur Roger Hanin, l'humoriste Gérald Dahan. Sur un ton léger, interrompue par des plaisanteries de Thierry Ardisson, Tristane Banon raconte une mésaventure qui lui est survenue quelques années auparavant avec un homme politique dont le nom, « bipé » au montage, restera ignoré des téléspectateurs, celui de Dominique Strauss-Kahn. Sous le regard médusé des autres invités qui boivent et dînent, Tristane Banon évoque sa dernière rencontre avec celui qu'elle nomme le « *chimpanzé en rut* » : « *Je suis arrivée devant l'adresse, je me suis garée, je suis montée.* [...] *C'était un appartement vide, complètement vide, avec un magnétoscope, une télévision, un lit au fond, très beau. Il a bon goût ! Monsieur a bon goût, poutres apparentes sublimes sur cour intérieure. Et puis là il a gentiment fermé la porte, j'ai posé le magnétophone tout de suite pour enregistrer. Il a voulu que je lui tienne la main pour répondre, parce qu'il m'a dit : "Je n'y arriverai pas si vous ne me tenez pas la main." Et puis après, de la main c'est passé au bras, et c'est passé un peu loin. Donc j'ai tout de suite arrêté. Je suis arrivée là-bas, j'avais un col roulé noir. Cela fait peut-être triper les mecs, un col roulé noir.* [...] *Cela s'est très mal fini, parce qu'on a fini par se battre, donc ça s'est fini très, très violemment, puisque je lui ai dit clairement : "Non, non." On s'est battus au sol, pas qu'une paire de baffes, moi j'ai donné des coups de pieds...* » Les faits que décrit Tristane Banon dans cette émission ne pourraient juridiquement être qualifiés de « tentative de viol », car à aucun moment, il n'y est question d'une tentative de pénétration. Mais ils s'apparentent à une agression sexuelle : « *Il a dégrafé mon soutien-gorge, il a essayé d'ouvrir mon jean. Ça a très mal fini... très violemment. Bon, moi, j'ai fini par partir, il m'a envoyé tout de suite un texto en disant : "Alors, je vous fais peur ?" d'un air un peu provocateur,* [...] *et après il n'a pas arrêté de m'envoyer des textos en disant : "Je vous fais peur ?"* »

Rediffusée le 20 février suivant sur *Paris Première*, l'émission ne provoque aucune réaction à l'époque. On est en pleine campagne présidentielle. Et Dominique Strauss-Kahn, éliminé par Ségolène Royal quelques mois plus tôt, n'intéresse pas grand monde. En fait, « l'affaire Banon » rebondit en octobre 2008, après que le *Wall Street Journal* eut rendu publique la liaison de Dominique Strauss-Kahn avec l'économiste hongroise Piroska Nagy. Le site *AgoraVox* – le média citoyen – met alors en ligne l'émission d'Ardisson, suivi aussitôt par *L'Express.fr*, *Bakchich*, *Arrêt sur images*,

Entrevue, 20minutes.fr, Le Post, etc. Mais aucun grand journal papier ne prend en considération « l'affaire Banon ». Elle a cependant été brièvement évoquée dans *Sexus Politicus*[1]. Elle le sera beaucoup plus longuement dans *Le Roman vrai de Dominique Strauss-Kahn* qui paraît le 5 mai 2011, neuf jours avant l'arrestation de DSK à New York[2]. À partir du 15 mai, l'accusation télévisée de Tristane Banon connaît un retentissement planétaire.

Une autre version des faits est moins connue. Elle émane aussi de Tristane Banon et a été écrite dans les semaines suivant ses rencontres avec Dominique Strauss-Kahn. Il s'agit du récit de ses deux entretiens des 5 et 13 février 2003 avec l'ancien ministre des Finances, destiné à être publié dans son livre, *Erreurs avouées (au masculin)*.

Le chapitre débute par un petit récit d'où il ressort que l'auteure, jeune journaliste inconnue, a insisté pour obtenir cet entretien avec un homme politique de premier plan : « *Je l'ai harcelé, même; je le voulais ce rendez-vous. Après quatre appels en trois jours sur son portable, il a cédé.* » Dans la suite du texte, conformément au principe de son futur livre, Tristane Banon questionne Dominique Strauss-Kahn sur les « *erreurs* » qu'il a commises. Réponse : « *Ma première erreur dans la vie ? Ce sont mille erreurs à la suite !* »

1. Christophe Deloire et Christophe Dubois, Albin Michel, 2006.
2. Michel Taubmann, Éditions du Moment.

Autres réponses : « *Sérieusement, je pense que ma première véritable erreur est de ne pas avoir choisi de faire des études scientifiques.* [...] *Dans "l'affaire de la Mnef", il y a eu des erreurs de date sur les factures, parce que je n'avais pas fait attention aux détails.* [...] *En revanche et avec le recul, je n'ai jamais considéré que ma décision de démissionner du gouvernement était une erreur. Bien sûr, je n'y étais pas contraint, mais c'était une question d'éthique.* » Des commentaires de la jeune écrivaine s'intercalent entre les réponses de Dominique Strauss-Kahn. Ils ne sont pas très amènes à son égard : « *Belle compilation de déclarations télévisées sans intérêt. Sans blague, c'est du par coeur !* [...] *Jolie répartie. Pirouette d'acrobate. Ça comble le vide mais pas le creux du contenu. Mais où est le contenu ?* » Ce premier entretien, le 5 février à l'Assemblée nationale, prend six pages. Mais celui du 13 février, qui se déroule dans le deux-pièces de la rue Mayet, en occupe quand même deux, en contradiction avec la version donnée chez Thierry Ardisson d'une Tristane Banon presque immédiatement agressée. Cet entretien apparaît comme le prolongement de celui de la semaine précédente. Dominique Strauss-Kahn : « *Ma plus grande erreur, et qui m'a valu mes ennuis judiciaires, est d'avoir été trop confiant dans le fait que la bonne foi suffisait et que, dès lors qu'il n'y avait pas faute, l'erreur n'était pas grave...* » Là encore, Tristane Banon ne cache pas l'ennui que lui inspire

Dominique Strauss-Kahn : « *J'aurais pu faire la réponse moi-même. Je garde espoir ; peut-être va-t-il m'épater par sa repartie politique ? Je tente : "La plus grande erreur de la gauche française ces dernières années ? – Ne pas être elle-même. Être trop sous la pression de l'extrême gauche et du Parti communiste. Ne pas affirmer clairement ce qu'elle pense."* »

La fin de l'interview est accompagnée d'un nouveau commentaire de Tristane Banon : « *Il me propose un café, de se revoir. Moi, tout ce que je veux, c'est m'en aller. Je finirai par y arriver… une demi-heure plus tard, moyennant une promesse de retour que je ne tiendrai pas. Je m'en sors plutôt bien. Les erreurs ne sont pas irrémédiables.* » En lisant entre les lignes, on peut supposer que l'ancien ministre a tenté de séduire Tristane Banon. Cependant, la journaliste n'évoque aucune violence ni le moindre geste déplacé. Cette version écrite au printemps 2003, juste après les deux rencontres, n'est pas très éloignée de celle qu'a donnée Dominique Strauss-Kahn lors de son audition par la police judiciaire parisienne, le 12 septembre 2011. Dans les deux cas, la dernière demi-heure de l'entretien a donné lieu à une scène de drague.

Question : « *Pouvez-vous nous relater le déroulement de cette entrevue ?*

Réponse : *Tristane Banon est arrivée, nous nous sommes assis, elle dans le fauteuil, et moi dans le canapé. Elle m'a posé quelques questions peu différentes de celles du premier entre-*

tien. Après vingt-cinq, voire trente minutes, elle a terminé ses questions et nous avons discuté d'une façon plus légère. Nous avons « badiné ». Nous avons adopté un ton de conversation plus personnel.

Question : *Qu'entendez-vous par "badiné" ?*

Réponse : *Je lui ai demandé quels étaient ses goûts en matière d'art, de littérature, de voyages. Nous avons parlé sur un ton plus léger. Ensuite, nous nous sommes levés pour partir. J'ai alors tenté de l'embrasser. Elle m'a repoussé. Elle a quitté les lieux, mécontente. Le tout s'étale sur environ trente, voire quarante-cinq minutes.*

Question : *Pouvez-vous détailler cette scène ?*

Réponse : *J'ai essayé de la prendre dans mes bras. J'ai tenté de l'embrasser sur la bouche. Elle m'a repoussé fermement. Elle m'a lancé, en substance : "Ça va pas ?" J'ai de suite relâché mon étreinte, elle s'est emparée de ses affaires et elle a quitté l'appartement, furieuse.* »

Par ces déclarations devant la police, le 12 septembre 2011, Dominique Strauss-Kahn reconnaît l'existence d'un incident avec Tristane Banon. « *Vers la fin de l'interview,* avoue DSK à l'auteur, *j'ai vraiment cru voir une "ouverture" dans le comportement de Tristane Banon. Nous étions dans un jeu de séduction réciproque*[1]. » Certains peuvent être choqués que

1. Entretien avec l'auteur, 30 septembre 2011.

DSK ait ainsi mélangé la drague et le travail, surtout avec une jeune femme de trente ans sa cadette. Ce genre de situation se produit parfois. Le seul problème est le consentement. L'ancien ministre des Finances s'est-il alors livré à une agression sexuelle ? Le parquet de Paris affirme dans son communiqué du 13 octobre 2011 que « *des faits pouvant être qualifiés d'agression sexuelle sont quant à eux reconnus.* [...] *Il apparaît en revanche que, s'agissant des faits reconnus par leur auteur, dont la connotation sexuelle n'est pas discutable, ceux-ci ne peuvent s'analyser autrement qu'en délit d'agression sexuelle* ». Soyons clairs : le parquet de Paris n'a pas reconnu l'ancien ministre coupable. Il n'en a pas le pouvoir. Mais en « *analysant les faits* », il a suggéré que DSK aurait pu éventuellement être condamné à l'issue d'un procès qui n'aura jamais lieu, la prescription pour les agressions sexuelles étant de trois ans. Pourquoi DSK a-t-il reconnu cet incident ? « *Je n'y étais pas obligé,* déclare-t-il à l'auteur, *mais dans ce genre de situation, il vaut mieux dire toute la vérité*[1]. » La précaution est sage au cas où DSK aurait dû s'expliquer, par exemple, sur l'envoi à Tristane Banon de textos lui demandant : « *Est-ce que je vous ai fait peur ?* » La qualification « d'agression sexuelle » repose sur la seule déposition de Dominique Strauss-Kahn. « *Il n'y a pas d'autres éléments factuels* » dans le dossier, explique

1. Entretien avec l'auteur, 16 octobre 2011

Élisabeth Allanic, vice-procureure au tribunal de grande instance de Paris. « *Chacun peut ainsi apprécier le comportement de Dominique Strauss-Kahn, mais il ne constitue en aucune façon, au plan juridique, une agression sexuelle* », écrivent dans un communiqué les défenseurs de l'ancien directeur général du FMI, Mes Henri Leclerc et Frédérique Beaulieu. Un article, publié le 15 octobre 2011 par *La Tribune de Genève*, critique vivement les explications du procureur de la République, de Paris : « *Ah ! la subtilité rhétorique... "ceux-ci ne peuvent s'analyser.." et "pouvant être qualifiés". Le procureur ne prend pas de risques. Il n'affirme rien quant à la réalité des faits, il dit qu'ils peuvent être qualifiés, qu'ils peuvent s'analyser. Il ne dit pas qu'ils sont une agression sexuelle, ce qui serait en terme de procédure judiciaire, un jugement de culpabilité qu'il n'est pas habilité à rendre. Il suppose, réfléchit à haute voix, dit ce qu'il aurait fait en tant que procureur s'il n'y avait eu prescription. Mais puisqu'il n'y a pas et n'y aura ni procès ni jugement, la décision ne peut être contredite. C'est une rhétorique perverse car il n'y a aucun jugement de culpabilité. On ne juge pas un fait prescrit. Du point de vue judiciaire, cette décision fabrique un coupable qui ne pourra plus se défendre.* [...] *Les faits reconnus par DSK sont d'avoir tenté d'embrasser Tristane Banon, mais d'avoir renoncé devant son refus. Tenter d'embrasser une femme – ou un homme – serait déjà une agression sexuelle ? C'est nouveau. Tenter d'embras-*

ser, alors que l'on connaît le refus de l'autre personne, est un début d'agression. Mais, sans savoir encore si elle acceptera ou non, sans qu'il y ait encore de refus exprimé, celui ou celle qui tente d'embrasser ne fait que tenter sa chance. Cela mérite au mieux une bonne gifle ou une fin de non-recevoir très ferme. Qualifier cela de tentative d'agression sexuelle est une nouvelle interprétation juridique des actes. » Faute d'un procès impossible, chacun est désormais renvoyé à un jugement moral sur la tentative d'embrasser. Dominique Strauss-Kahn est un « *agresseur sexuel non jugé* », estime David Koubbi, l'avocat de Tristane Banon qui salue comme « *une première victoire* » la qualification « *d'agression sexuelle* ». Le parquet, ce jour-là, a donné une satisfaction morale à Tristane Banon et à ses partisans. « *Il a reconnu que le dossier n'était pas vide* », déclare Me Koubbi. Mais au plan juridique, il a désavoué la plaignante, en décidant de classer sans suite la plainte pour tentative de viol déposée le 6 juillet précédent, et qui n'était pas couverte par la prescription de dix ans pour ce type de crime.

Au début de l'enquête préliminaire, les enquêteurs ont entendu longuement Tristane Banon. Au cours de cette audition, le 11 juillet 2011, la jeune romancière évoque pour la première fois des détails caractéristiques d'une éventuelle tentative de viol. DSK, dit-elle, aurait introduit ses doigts dans sa bouche, dégrafé son soutien-gorge pour lui saisir les seins, puis glissé sa main dans sa culotte afin de lui caresser le sexe. Elle affirme que, se trouvant *« dans un état second »*, il n'entendait même pas ses protestations et restait insensible à ses cris. Les enquêteurs ont ensuite comparé avec soin ces affirmations aux autres récits de Tristane Banon, notamment dans son roman *Trapéziste.* La scène qu'elle y décrit est plus violente que dans l'émission de Thierry Ardisson. Mais elle s'apparente plus à une agression sexuelle qu'à une tentative de viol.

Après avoir visionné à plusieurs reprises l'intégralité des rushes de *93, faubourg Saint-Honoré*, les enquêteurs relèvent de nombreuses contradictions avec le texte de la déposition de Tristane Banon le 11 juillet 2011. L'une d'elles porte sur le début de l'agression supposée. En 2007, chez Thierry Ardisson la jeune femme déclare : « *Et puis là, il* [DSK] *a gentiment fermé la porte, j'ai posé le magnétophone tout de suite pour enregistrer. Il a voulu que je lui tienne la main pour répondre parce qu'il m'a dit : "Je n'y arriverai pas si vous ne me tenez pas la main". Et puis après, de la main, c'est passé au bras, et c'est passé un peu loin. Donc, j'ai tout de suite arrêté.* » Cette version suggère que Tristane Banon, dans un premier temps, a accepté un contact physique avec l'ancien ministre. Cette nuance disparaît le 11 juillet 2011 ; devant la police, Tristane Banon affirme en substance : « *À peine la première question posée, il me demande si je peux lui tenir la main. Je lui réponds qu'il est un grand garçon, il n'a pas besoin qu'on lui tienne la main. Il réplique alors que je suis méchante avec lui.* » Aussitôt, selon la jeune femme, DSK lui attrape la main et, « *dans le même temps, saisit le dictaphone qu'il éteint* ».

Or, en 2007, Tristane Banon n'avait rien dit concernant le magnétophone qui, ouvert pour l'interview, aurait donc pu garder la trace de son agression supposée par Dominique Strauss-Kahn. La version de 2011 répare-t-elle un oubli ? Ou vise-t-elle à justifier l'absence totale de preuve matérielle ? Tristane Banon, en effet, n'en possède aucune. Certes, dit-elle, après leur rencontre, Dominique Strauss-Kahn lui aurait envoyé plusieurs textos contenant cette interrogation : « *Je vous fais peur ?* » On imagine mal néanmoins l'ancien ministre des Finances, par ailleurs avocat de profession, fournir ainsi des preuves à une personne qu'il aurait tenté de violer. De toute façon, ces textos n'ont pu être conservés, seules certaines personnes à qui Tristane Banon les a montrés peuvent attester de leur existence. Durant les mois de juillet et août 2011, les enquêteurs entendent une vingtaine de témoins. Aucun ne peut corroborer les accusations de tentative de viol portées par Tristane Banon.

Après s'être tue pendant huit ans, la mère de Tristane Banon se veut le principal témoin, indirect, des faits. Elle assure, en effet, que sa fille en pleurs lui aurait téléphoné depuis sa voiture, garée non loin du domicile de DSK, où elle s'est réfugiée juste après l'agression supposée. Problème : Anne Mansouret lui aurait alors déconseillé de porter plainte. Pour quelles raisons ? Elle en donne plusieurs, très différentes. Une fois, elle incrimine le PS, son parti, qui aurait fait pression sur Tristane. Une autre, elle s'accuse elle-même d'avoir découragé sa fille pour protéger sa propre carrière politique. À plusieurs reprises aussi, elle dit que Brigitte Guillemette, la deuxième épouse de DSK, aurait dissuadé Tristane Banon d'entamer une action en justice. Elle insiste beaucoup sur ses relations « *amicales et familiales* » avec Brigitte Guillemette et présente Camille Strauss-Kahn, la fille de cette dernière et de DSK, comme la « *meilleure amie* » de Tristane. Tous ces propos seront totalement démentis par Brigitte Guillemette qui, dans une interview au *Nouvel Observateur*, datée du 20 juillet 2011, déclare : « *Rien de ce que cette femme raconte n'est vrai : je ne suis pas une de ses proches, ma fille Camille n'a jamais été une amie de Tristane Banon. Tous les propos qu'elle me prête sont faux. Nous sommes pris dans un délire glauque et malsain qu'il est grand temps de stopper.* [...] *J'ai rencontré Anne Mansoureh-Riahi (c'est ainsi qu'elle se présentait à l'époque) au début des années 1990, c'est-à-dire bien après mon divorce d'avec Dominique Strauss-Kahn. Je dirigeais alors un groupe de communication, et je l'avais reçue sur recommandation d'un ami commun. Nous ne sommes pas devenues "amies", même si nous nous croisions de temps à autre dans des cocktails ou des soirées...* »

Brigitte Guillemette reconnaît cependant être la marraine de Tristane Banon. Mais elle tient à préciser : « *Entendons-nous bien sur ce que signifie ce terme de "marraine". Un jour, Anne Mansoureh-Riahi m'a appelée en me demandant si je pouvais être la marraine de sa plus jeune fille Anne-Caroline, qui avait alors dix-sept ou dix-huit ans et voulait se faire baptiser, pour se marier à Saint-Nicolas-du-Chardonnet avec un jeune homme très pratiquant, si je me souviens bien. "Tu es la seule personne que je connaisse qui soit baptisée", m'a expliqué Anne Mansoureh-Riahi. Devant son insistance, j'ai accepté de rendre ce service, d'autant plus que Anne-Caroline était adulte. Je suis donc sa "marraine", formellement...* » Brigitte Guillemette parle ensuite de la rencontre entre son ancien mari et Tristane Banon : « *Quelques années plus tard, j'ai appris que Anne-Caroline, qui s'était entre-temps rebaptisée Tristane, avait rencontré Dominique Strauss-Kahn pour l'interviewer. Je suppose qu'elle avait été recommandée par sa maman, mais en tout cas ni par mon intermédiaire ni par celui de ma fille Camille, avec laquelle elle n'était pas en contact. C'est d'ailleurs Dominique, à la demande de Tristane Banon, qui lui a donné les coordonnées de Camille.* » Brigitte Guillemette raconte enfin comment

Tristane Banon a contacté sa fille Camille : « *Une première fois, Tristane Banon, qui a six ans de plus que Camille, l'a appelée en lui racontant qu'elle avait interviewé son père, que cela lui ferait plaisir d'en parler. Elles ont pris un café ensemble. Puis, Tristane a rappelé ma fille pour lui donner un nouveau rendez-vous, dans un café du Quartier latin. C'est là qu'elle lui a dit avoir été agressée par Dominique. Camille, qui était sous le choc, incapable d'imaginer que son père puisse faire une chose pareille, est rentrée à la maison en larmes. J'ai aussitôt passé deux coups de fil : le premier au père de ma fille, qui a vivement démenti; et le second à Anne Mansoureh-Riahi. "Tout cela n'est pas grave... De toute façon, je suis la maîtresse de Strauss-Kahn", m'a-t-elle dit. Je me suis vraiment demandée où j'habitais... J'ai conseillé à cette femme de s'expliquer directement avec Dominique et d'éviter, à l'avenir, tout contact avec ma fille et moi. J'ai raccroché et, depuis, j'en étais restée là.* »

Quel est le crédit d'Anne Mansouret ? Le 13 juillet, dans sa déposition devant la Brigade de répression des violences contre les personnes, elle fait une révélation jugée « *sensationnelle* » par les médias. Anne Mansouret aurait eu une brève relation sexuelle avec DSK dans un bureau de l'Ocde, à Paris, où celui-ci avait été nommé, en 2000, conseiller spécial du secrétaire général de l'organisation. Cette relation, « *consentie mais clairement brutale* » selon l'élue de l'Eure, lui aurait permis de constater que DSK se comportait avec « *l'obscénité d'un soudard* ». Vérité ? Mensonge ? L'ancien directeur général du FMI, interrogé par l'auteur, a démenti l'existence de toute relation intime avec Anne Mansouret. C'est parole contre parole sur un sujet qui, de toutes façons, aurait dû rester dans la sphère privée. Il est difficile cependant de croire Anne Mansouret. D'une part, Dominique Strauss-Kahn, s'il collabore effectivement avec l'Ocde en 2000, ne fait que de brefs passages dans les locaux de l'organisation et n'y dispose pas d'un bureau personnel suffisamment isolé pour lui permettre de se livrer en plein jour à des ébats sexuels avec une personne extérieure. D'autre part, si Anne Mansouret a vraiment souffert dans sa chair de la violence de DSK, comment peut-elle trois ans plus tard déconseiller à sa fille de porter plainte ? Enfin, si elle n'a eu qu'une seule relation sexuelle avec un « soudard » en 2000 et que cela s'est mal passé, comment peut-elle affirmer en 2003 à Brigitte Guillemette, la deuxième épouse de DSK : « *Je suis la maîtresse de Strauss-Kahn* » ?

En octobre 2011, Tristane Banon, interrogée par *Paris Match*, déclare à propos de sa mère : « *Elle parle trop.* » C'est une évidence. La volubilité d'Anne Mansouret après l'arrestation de DSK tranche avec son silence pendant les huit années précédentes. « *J'espère pour vous que vous ne mentez pas* », lui lance l'auteur de ce livre en direct sur BFM-TV, le

18 septembre 2011. « *Je ne mens pas* », répond-elle aussitôt. Dans ce cas, une question se pose. Anne Mansouret en tant qu'élue du peuple peut moins que quiconque ignorer la loi. Si elle croit depuis près de neuf ans aux accusations de sa fille, alors elle s'est rendue coupable au mieux d'une non-dénonciation de crime, en faisant pression sur Tristane pour qu'elle ne porte pas plainte. Mais la fille a-t-elle vraiment téléphoné à la mère, le 13 février 2003, en sortant de chez Dominique Strauss-Kahn ? Cette affirmation d'Anne Mansouret, postérieure au 15 mai 2011, contredit la déclaration de Tristane Banon, en 2008, sur le média citoyen *AgoraVox* : « *Je n'en ai parlé à personne* [de l'agression sexuelle] *pendant plusieurs mois* ». Il semble effectivement que, pendant six mois environ, Tristane Banon n'ait évoqué sérieusement devant personne une tentative de viol de la part de DSK. Cette version que j'avais donnée dans *Le Roman vrai de Dominique Strauss-Kahn* n'a pas été démentie par l'enquête de police menée ensuite. La voici reprise, enrichie d'éléments nouveaux confirmant que Tristane Banon n'a bel et bien commencé à accuser DSK qu'à partir de la fin de l'été 2003.

XXI

Vengeance

Le 13 février 2003, quelques heures après sa deuxième rencontre avec Dominique Strauss-Kahn, Tristane Banon téléphone au journaliste Patrick Poivre d'Arvor, alors présentateur du journal de 20 heures sur TF1. Elle le connaît depuis quelques mois. Il n'a pu, faute de temps dira-t-il, figurer parmi les personnalités interviewées dans *Erreurs avouées*, mais il signera quelques lignes de présentation en quatrième de couverture. Il est entendu, le 25 juillet 2011, par la police judiciaire de Paris : « *Sur le cahier d'appels de TF1*, écrit-il sur son blog deux jours après cette audition, *il apparaît qu'elle m'a appelé en fin d'après-midi le 13 février 2003. À deux heures à peine du journal, je ne pouvais lui parler longuement. Nous nous sommes donné rendez-vous dans mon bureau quelques semaines plus tard, le 6 mars.* » Ce qu'elle lui raconte alors ne ressemble pas à une tentative de viol : « *Elle m'a dit que son entretien avec Dominique*

Strauss-Kahn s'était mal passé, et qu'elle avait été obligée de mettre fin à la conversation de manière précipitée. Elle n'est pas entrée dans les détails, mais je l'ai sentie gênée. Elle ne m'a plus jamais reparlé de cette affaire. Voilà ce que je sais – et, surtout, ne sais pas – sur cette affaire, de manière très périphérique. » Trois jours avant cette rencontre avec Patrick Poivre d'Arvor, Tristane Banon s'est présentée à Michel Field de la part de Dominique Strauss-Kahn, qui avait téléphoné au journaliste de télévision quelques semaines plus tôt, afin de la recommander : « *Si mes souvenirs sont exacts,* déclare Michel Field, *la jeune journaliste était à ses côtés au moment du coup de fil, il n'était donc pas en train de l'agresser*[1]. » Mais le journaliste ne se rappelle pas si l'appel a eu lieu le 5 février, jour de la rencontre à l'Assemblée nationale, ou le 13, date de la supposée agression. Il peut cependant témoigner du comportement de la jeune femme :

« *J'ai reçu Tristane Banon peu après dans mes bureaux de la Field Compagnie, rue du Louvre. C'était lundi 3 mars 2003, à 11 heures 30. Mon agenda en témoigne. Elle m'a interviewé sur mes "erreurs" comme d'autres personnalités qui figurent dans son livre. Je me souviens qu'elle m'a relancé, peut-être quelques mois plus tard, pour être chroniqueuse dans l'une de mes émissions, et depuis, je ne l'ai plus revue. Une chose est*

1. Entretien avec l'auteur, en février 2011, in *Le Roman vrai de Dominique Strauss-Kahn, op. cit.*

sûre : à aucun moment, elle n'a évoqué la moindre violence de la part de Dominique. Je suis donc tombé des nues quand j'ai entendu parler de ses déclarations[1]. » Une amie proche de Tristane Banon abonde dans le même sens : « *Je l'ai vue au printemps 2003. À l'époque, elle ne m'a pas du tout parlé d'une agression de la part de DSK. La première fois qu'elle l'a évoquée, c'est en 2007, après son émission chez Ardisson. Elle m'a dit : "Tu as vu mon truc chez Ardisson ?" Mais ce détachement apparent ne prouve rien. C'était peut-être une manière de se protéger*[2]. » Dans les semaines suivantes, Tristane raconte à plusieurs personnes sa rencontre avec DSK. « *Elle m'a dit qu'il avait tenté de la draguer,* se rappelle un élu socialiste de Seine-Maritime alors proche de Laurent Fabius. *Mais elle en parlait avec décontraction, comme d'un truc marrant pour se moquer de lui*[3]. »

À la fin de l'été 2003, Tristane Banon va « durcir » sérieusement sa position, après une intervention de Ramzi Khiroun auprès de son éditeur Alain Carrière. Le récit déjà développé dans *Le Roman vrai de Dominique Strauss-Kahn*, paru en mai 2011, a été confirmé depuis par certaines auditions menées dans le cadre de l'enquête préliminaire. Que se passe-t-il cet été 2003 ? Conseiller en communication

1. *Ibid.*
2. Entretien avec l'auteur, 30 septembre 2011.
3. Entretien avec l'auteur, en mai 2011.

de Dominique Strauss-Kahn, Ramzi Khiroun souhaite se procurer une copie de l'interview réalisée par Tristane Banon avant la publication d'*Erreurs avouées*. Selon sa version, il téléphone à la jeune auteure : « *C'était fin août 2003. Dominique remontait la pente à la suite des affaires qui avaient conduit à sa démission du gouvernement Jospin en 1999. J'apprends alors qu'il a accordé six mois plus tôt une longue interview à l'amie d'une de ses filles, Tristane Banon*[1]. *Quand il me dit qu'il lui a longuement "confessé" ses "erreurs", je suis un peu inquiet. Je téléphone à Tristane Banon pour demander à lire les épreuves, conformément aux usages s'agissant d'une interview et non d'un récit. Elle m'indique qu'il est trop tard, car son éditeur a déjà envoyé le texte à l'impression. Elle promet de me rappeler. Ce qu'elle ne fera pas*[2]. » Tristane Banon dément catégoriquement avoir jamais discuté avec Ramzi Khiroun. Le communicant maintient. Il précise même qu'après plusieurs jours sans réponse, il a décidé de changer d'interlocuteur. Il apprend que Tristane Banon a menti. Le livre n'a pas encore été imprimé même si la composition a atteint le stade ultime, celui des épreuves dont une dizaine de jeux circule déjà parmi les journa-

1. Ramzi Khiroun se trompe : Tristane Banon et Camille Strauss-Kahn ne sont pas vraiment amies, mais, par souci d'honnêteté, nous ne changeons pas dans ce livre le contenu des témoignages recueillis dans le cadre du *Roman vrai de Dominique Strauss-Kahn*, *op. cit.*
2. *Le Roman vrai de Dominique Strauss-Kahn*, *op. cit.*

listes. « *J'ai alors demandé un rendez-vous à l'éditeur Alain Carrière qui*, explique Ramzi Khiroun, *après m'avoir reçu très courtoisement, me donne le texte de l'interview. En le lisant, je suis sidéré. Le style de Tristane Banon est assez grotesque. Elle décrit Dominique en termes si admiratifs qu'ils prêtent à sourire*[1]. *Dans une lettre, je demande à l'éditeur d'enlever l'interview de Dominique et de changer la couverture du livre où son visage apparaît. Il s'y engage auprès de moi par courrier et cela sera fait*[2]. » Quelques jours plus tard, la jeune femme, furieuse, aurait téléphoné à Ramzi Khiroun : « *Vous venez de faire un autodafé* », lui aurait-elle dit. « *Cette expression m'a frappé, je ne l'ai pas oubliée* », poursuit Khiroun qui aurait alors répondu : « *Cela ne serait jamais arrivé si vous aviez été moins malhonnête.* » Selon Khiroun, Tristane Banon aurait conclu l'entretien par une menace : « *Je me vengerai de Dominique Strauss-Kahn.* » Là encore, Tristane Banon nie l'existence de cet échange télé-

---

1. Contrairement à ce que dit Ramzi Khiroun, les termes utilisés par Tristane ne sont pas admiratifs, mais moqueurs. Elle fait aussi vaguement allusion dans son texte à une tentative de séduction de la part de DSK, dont Ramzi Khiroun ne parle pas à l'auteur lors de l'interview donnée en février 2011. Il faut dire à sa décharge qu'il n'a pas sous les yeux le texte de Tristane Banon qu'il a lu plus de sept ans auparavant, et que ces erreurs de détails ne remettent pas en cause le fond de son témoignage.
2. D'après Maître Koubbi, avocat de Tristane Banon, le visage de Dominique Strauss-Kahn n'apparaissait pas sur la couverture du livre. Ramzi Khiroun fait sans doute référence au nom de l'ancien ministre qui, lui, aurait dû figurer sur la quatrième de couverture.

phonique, précisant même qu'elle n'utilise jamais le terme « *autodafé* ».

Mais la version de Ramzi Khiroun est globalement corroborée par Véronique de Bure, éditrice aux éditions Alain Carrière. Entendue par la police dans le cadre de l'enquête préliminaire, cette amie de Tristane Banon confirme qu'avec Alain Carrière, elle a accepté sans difficulté la demande de retrait du chapitre consacré à Dominique Strauss-Kahn. Se concertant avant le rendez-vous avec Ramzi Khiroun, Véronique de Bure et Alain Carrière, selon *Le Figaro*, « *conviennent que le récit de cet entretien, dès lors qu'il pose problème, ne serait pas indispensable. En dehors de la description que fait Tristane Banon de l'attitude de son interviewé, ces pages, de par les réponses apportées par l'homme politique sur le thème central – les erreurs d'une carrière ou d'une vie –, restent sans surprise*[1] ». Véronique de Bure se souvient de la déception de Tristane Banon lorsqu'elle apprend que le chapitre ne figurera pas dans la version définitive de son ouvrage. L'éditrice raconte que, quelque temps plus tard, dans un mouvement de colère, la jeune auteure aurait fait irruption dans son bureau avec un gros sac contenant l'ensemble des enregistrements réalisés pour le livre. « *Voilà, je te les laisse* », lui aurait-elle déclaré. Où sont passés ces enre-

1. *Le Figaro*, 22 septembre 2011.

gistrements ? Véronique de Bure affirme les avoir jetés lors d'un déménagement de bureau. N'a-t-elle pas pensé que l'un d'eux pouvait éventuellement contenir la preuve sonore du comportement agressif prêté à DSK ? Ne croyait-elle pas suffisamment au récit de son amie Tristane qui, après le retrait de son chapitre, lui confie pour la première fois que l'ancien ministre l'aurait agressée ? Une chose est sûre, les témoignages de Ramzi Khiroun – *« je me vengerai de Dominique Strauss-Kahn »* – et de Véronique de Bure, respectivement inconditionnels de DSK et de Tristane Banon, convergent sur ce point essentiel : l'accusation d'agression sexuelle, puis de tentative de viol est formulée en réaction à la censure du chapitre litigieux.

« Pendant des années, tous ceux que j'ai vus m'ont déconseillé de porter plainte », répond Tristane Banon au journaliste qui l'interroge en direct sur France 2, le 13 juillet 2011, à propos du caractère tardif de sa plainte pour « tentative de viol » déposée une semaine auparavant. C'est totalement faux. À partir de septembre 2003, Tristane Banon contacte plusieurs journaux pour les informer de sa mésaventure avec DSK : *Paris Match* où elle est pigiste, mais aussi *Libération* ou *L'Express.* Tristane Banon est convaincante. Son récit est précis et détaillé. Souvent elle ne peut retenir ses larmes. Parfois elle éclate en sanglots. Philippe Vandel, journaliste à *VSD,* est convaincu par la jeune femme. Il en parle à sa direction, qui

met une condition à la publication d'un article : que Tristane Banon dépose plainte. Un conseil identique sera donné par les nombreuses personnes à qui Tristane Banon se confie dans les mois et années qui suivent. Dirigeants socialistes tels Julien Dray et François Hollande, journalistes ou militantes féministes.

Ce conseil signifie-t-il qu'ils croient DSK coupable ? Rien ne permet de le penser de la part des élus, principalement socialistes, contactés par la jeune femme. « *Ce n'était pas à moi de faire la police au sein du PS* », affirme François Hollande en juin 2011.

En revanche, le conseil donné par certaines féministes est moins neutre. La journaliste Olivia Cattan, présidente du mouvement Paroles de femmes, qui rencontre Tristane en 2004, est convaincue de sa sincérité. Et Aurélie Filippetti, alors militante des Verts à Paris, veut aider concrètement Tristane Banon. La future députée PS dit avoir vécu elle aussi une expérience traumatisante avec DSK, dont elle s'ouvre dans un e-mail adressé à Anne Mansouret, le 18 décembre 2003 : « *Même si les choses ne sont pas allées aussi loin,* écrit Aurélie Filippetti, *le peu que j'ai vu me montre à quel point le personnage est dangereux pour les femmes.* » Dans un autre e-mail envoyé à Anne Mansouret le 26 décembre 2003, Aurélie Filippetti raconte sa propre mésaventure : « *Pour ma part, il m'avait invitée à prendre un café pour discuter, à cette fameuse adresse. J'en avais parlé à un copain qui m'a mise en garde en m'interdisant pratiquement de m'y rendre.* [...] *Mais peut-être d'autres filles ont-elles été victimes des mêmes pratiques et peut-être parleront-elles.* » Anne Mansouret, contrairement à ce qu'elle dira plus tard, pousse à ce moment-là sa fille à saisir la justice. Elle rencontrera, avec Tristane, un avocat, Me Emmanuel Pierrat, connu pour ses engagements à gauche. Celui-ci lui déconseillera de porter plainte. Un avis identique a été donné, semble-t-il, à titre amical par un autre avocat, par ailleurs élu socialiste en Seine-Maritime. Par peur des pressions, comme le prétendra Tristane Banon ? Ou parce qu'ils ont jugé le dossier inconsistant en l'absence de preuves ? Début 2004, la jeune écrivaine semble se résigner à « *vivre avec* ». Un souvenir qu'elle dit exécrable, mais sans issue judiciaire possible. À vingt-cinq ans à peine, Tristane Banon se consacre à sa carrière.

Paru en novembre 2003, *Erreurs avouées* connaît un succès d'estime et ouvre à Tristane Banon la porte de ses premières émissions télévisées. Quelques mois plus tard, le 18 septembre 2004, radieuse, elle connaît les honneurs du plateau de *Tout le monde en parle*, l'émission à succès de Thierry Ardisson sur France 2. Vêtue d'un chemisier sexy, elle vient alors présenter son premier roman *J'ai oublié de la tuer*. Elle y parle en termes extrêmement crus de la sexualité débridée qu'elle prête à sa mère, et de son père qui, dit-elle, ne s'est jamais occupé d'elle. Tristane Banon, lors de cette émission de 2004, ne cache rien de ses secrets intimes, parlant même de supposés attouchements subis dans son enfance et imputés au compagnon d'Amira, la « *bonne* » de sa mère. Curieusement, dans cette ambiance de déballage, propice à toutes les confidences, Tristane Banon ne dit pas un mot, pas un seul, de sa mésaventure supposée avec DSK, qui serait survenue dix-huit mois auparavant. Ses deux livres lui ont ouvert la voie d'un début de reconnaissance dans le milieu germanopratin dont elle côtoyait jusqu'alors certains membres dans des fêtes nocturnes.

Tristane a écrit son premier article dans une revue littéraire branchée, *Bordel*, publiée chez Flammarion par les écrivains Stéphane Million et Frédéric Beigbeder. Au sommaire du n° 2, paru en janvier 2004, son nom côtoie ceux de Patrick Eudeline, Virginie Despentes, Yann Moix, Bernie Bonvoisin et bien d'autres auteurs prestigieux, l'article de Tristane Banon résonne étrangement avec l'affaire qui a fait d'elle l'icône d'un certain féminisme. Cet article s'intitule « *Noir délire* » et traite, dans un style littéraire, le fait divers tragique qui a bouleversé la France en août 2003 : le meurtre de l'actrice Marie Trintignant par son compagnon Bertrand Cantat, lors d'un tournage à Vilnius, en Lituanie. Une scène de jalousie qui a mal tourné. Bertrand Cantat, ivre, frappe la femme qu'il aime sans la moindre idée des conséquences de ses coups. Transportée en avion en France, Marie Trintignant décède quelques jours plus tard. Bertrand Cantat, idole des jeunes filles, apôtre des causes généreuses, se retrouve soudain dans le camp des auteurs de violences conjugales. Cette tragédie, Tristane Banon la traite à la manière d'une Marguerite Duras dissertant à propos de Christine Villemin, une femme soupçonnée à tort dans les années 1980 du meurtre de son enfant, le petit Grégory. Contrairement à Marguerite Duras, Tristane Banon n'écrit pas « *Sublime, forcément sublime* » à propos du chanteur meurtrier de sa compagne. Mais elle ne veut voir dans la mort de Marie Trintignant, jamais qualifiée de « meurtre » sous sa plume, qu'un splendide geste d'amour. Se mettant dans la peau de Bertrand Cantat, Tristane Banon conclut ainsi son article : « *Prison de Vilnius, 7 heures 13. Hier soir, avant de me promettre que j'en aurai pour quinze ans fermes, ils m'ont balancé le rapport d'autopsie au visage. Morte. Ils m'ont assuré qu'elle était morte... Ils n'ont rien compris, ils n'ont même pas vu qu'elle respirait encore. L'amour, ça ne s'arrête jamais de respirer. L'histoire finissait ainsi. Marie pense que ce sera un beau film. Je lui fais confiance. Je ne suis pas certain de pouvoir tenir le rôle, mais je sais qu'elle est une partenaire exceptionnelle, alors peut-être...* »

En 2006, Tristane Banon raconte à nouveau son agression supposée par Dominique Strauss-Kahn, dans un chapitre de son troisième roman *Trapéziste.* La fin de l'interview y est décrite en termes encore plus durs que dans l'émission de Thierry Ardisson où Tristane Banon, quelques mois plus tard, viendra présenter *Trapéziste* : « *Je me débats, tape, hurle, il aime les cris, ce mec est un malade. Il me regarde avec les yeux du névrosé, celui du drogué à qui l'on refuse la seringue.* [...] *Il est juste malade, en manque. Je transpire, la peur fait ça sur moi. Des sueurs froides le long du dos.* » Puis, contrairement au récit diffusé sur Paris Première, Tristane Banon décrit sa fuite : « *Dans la voiture je verrouille les portes. Je voudrais aller voir la police, une bonne sœur, quelqu'un qui me rassurerait.* [...] *Je ne bouge pas. Je n'irai pas chez les flics ni même chez les bonnes sœurs. Je vais rentrer chez moi, prendre une bonne douche, un gros pull et regarder la télévision toute la soirée.* »

Ce texte corrobore l'affirmation de Tristane Banon sur *AgoraVox* en 2008 : « *Je n'en ai parlé à personne* [de la tentative de viol] *pendant plusieurs mois.* » Il contredit Anne Mansouret qui a raconté dans des médias du monde entier que sa fille l'avait appelée en pleurs depuis la voiture. Quand Tristane écrit *Trapéziste* en 2006, sa mère ne souhaite certainement pas remuer de vieilles histoires avec Dominique Strauss-Kahn. Elle songe surtout aux prochaines élections législatives.

XXII

Huit longues années

Durant les années suivantes, Anne Mansouret ne se comporte pas comme une mère dont la fille a failli être violée. Croisant rarement l'ancien ministre des Finances en marge de réunions politiques, si elle évoque sa fille Tristane avec lui, c'est dans les termes d'un malentendu, selon Dominique Strauss-Kahn. Il nie formellement lui avoir avoué « *j'ai pété un câble* » lors d'une rencontre dans un café, quelques semaines après l'incident de février 2003.

À l'amorce de la campagne de la primaire socialiste prévue pour novembre 2006, Anne Mansouret va proposer ses services au camp de Dominique Strauss-Kahn qui doit affronter deux adversaires : Laurent Fabius et Ségolène Royal. Christophe Borgel, un proche de DSK, aujourd'hui secrétaire national chargé de la vie des fédérations et des élections au Parti socialiste, témoigne en exclusivité de cette étonnante tentative de rapprochement. « *C'était au prin-*

temps 2006, nous nous préparions à la primaire de l'automne et les jeux n'étaient pas encore faits en faveur de Ségolène Royal. Je me rappelle parfaitement qu'Anne Mansouret est venue me voir dans mon bureau, rue de la Planche, un appartement du VIIe *arrondissement qui servait de siège de campagne aux strauss-kahniens. En tant que membre de la commission électorale du parti, je pouvais aider à distribuer les investitures en vue des élections législatives prévues l'année suivante. Anne Mansouret était encore membre du Parti radical de gauche, mais elle se disait prête à adhérer au Parti socialiste, puis à prendre la présidence du comité de soutien à DSK dans l'Eure, et à mettre à notre service tous ses réseaux d'élue locale. Il fallait en échange qu'on s'engage à soutenir sa candidature à l'investiture socialiste qui avait lieu en juin. Elle me dit qu'elle connaissait Dominique. Mais, quand j'ai rapporté ma conversation à Dominique, il n'a eu aucune réaction particulière, j'ai compris qu'il la connaissait vaguement, sans plus*[1]. »

Les strauss-kahniens ne donneront pas suite à la requête d'Anne Mansouret. Ségolène Royal s'envolant dans les sondages, la vice-présidente du conseil général de l'Eure s'engage à ses côtés et prendra la présidence du comité de soutien local à sa candidature à la primaire socialiste.

1. Entretien avec l'auteur, 21 octobre 2011.

En 2006, l'histoire de Tristane Banon est évoquée pour la première fois, et très brièvement, dans un livre, *Sexus Politicus*[1], mais le nom de la jeune femme n'est pas cité. Circulant de bouche à oreille au sein du Parti socialiste, son agression supposée fait partie de la légende de DSK, auquel on prête, à l'époque déjà, de nombreuses aventures. Comme toute rumeur, elle connaît des versions différentes, *hard* ou *soft* selon les narrateurs. On murmure qu'elle pourrait empêcher DSK de se présenter à la présidentielle de 2007. Mais nul ne l'utilise. Ce n'est pas nécessaire. DSK, comme Fabius, est vite marginalisé par la « fusée Royal » dans la course à la primaire. En octobre 2006, lorsque paraît *Trapéziste*, les jeux sont faits. Ségolène écrase ses deux adversaires dans les sondages. Et le 16 novembre, elle est investie comme candidate des socialistes à la présidentielle. Anne Mansouret espère, en cas de victoire de sa championne, obtenir un poste intéressant. En 1997, après le succès de la gauche aux élections législatives, elle s'était imaginée déléguée interministérielle aux Droits des femmes. Geneviève Fraisse ayant été nommée à sa place, « *elle avait reçu en compensation la Légion d'honneur, en janvier 1998, sur le contingent du ministère du Travail, alors dirigé par Martine Aubry. Marylise Lebranchu, amie de la future maire de Lille et secrétaire d'État à l'Artisa-*

1. Christophe Deloire et Christophe Dubois, *op. cit.*

nat à l'époque, avait décoré celle qui avait créé une société de "location" de baby-sitters. En 2007, Jean-Louis Borloo, ministre de l'Économie et de l'Emploi, la propose au grade d'officier. Une promotion qu'elle décroche en 2008[1]. » Avant le congrès de Reims, en 2009, Anne Mansouret abandonne Ségolène Royal pour rallier Martine Aubry, qui s'impose alors à la tête du PS. Bientôt, elle décide de voler de ses propres ailes. Se voulant porteuse du message « *de la base* » contre « *ceux d'en haut* », Anne Mansouret annonce sa candidature à la primaire socialiste en vue de l'élection présidentielle de 2012.

« *Cela faisait belle lurette que Anne* [Mansouret] *n'en parlait plus* [de l'affaire], explique un responsable de la fédération socialiste de l'Eure. *On avait du mal à être complètement certain des accusations. Il y avait une forme d'incrédulité. Et puis, elle semblait avoir réglé cette affaire. Il y a aussi eu le livre de sa fille, où elle parle des relations très difficiles avec sa mère… Tout cela semblait un peu confus. Anne parle beaucoup : quelle était la part de vérité ? Enfin, cela faisait partie d'un fond qui traînait, mais cela nous était sorti de la tête.* »

En février 2007, lorsque Tristane Banon s'exprime dans l'émission de Thierry Ardisson, elle n'envisage aucunement, semble-t-il, de porter plainte. Ni même d'évoquer l'affaire. Elle reprochera à l'animateur de lui avoir un peu forcé la

1. *lepoint.fr*, juillet 2011.

main. Ardisson dément. « *C'est venu complètement par hasard*, répond-il. *On parlait du harcèlement sexuel, elle a dit : "Moi, il m'est arrivé une histoire", elle a raconté son histoire*[1]. » Quand il lui demande pourquoi elle ne porte pas plainte, Tristane Banon invoque la peur : « *Il y avait tout bêtement le fait que je vis seule à Paris. Il est avec un mec*[2] *qui n'est pas forcément un tendre, il n'a pas forcément des méthodes très raffinées… Je ne pense pas qu'il m'aurait fait assassiner, mais me refaire le portrait, ça aurait été possible.* » Cette idée de peur est présente dans tous les récits de Tristane Banon.

« *Le pouvoir a changé* », écrit-elle étrangement dans *Le Bal des hypocrites*[3], pour exprimer son soulagement après l'arrestation de Dominique Strauss-Kahn. Quel pouvoir ? L'homme qu'elle rencontre en 2003 est un simple député d'opposition. Puissant ministre des Finances de son ami Lionel Jospin, il a dû démissionner en 1999 pour une vétille dans le cadre de « l'affaire de la Mnef ». On ne voit pas qui aurait pu le protéger en 2003 et les années suivantes d'une plainte pour tentative de viol. Nicolas Sarkozy, ministre de l'Intérieur à l'époque ? C'est peu crédible. Dominique de Villepin, le Premier ministre ? Il n'a pu se protéger lui-même des foudres de la justice. Aux yeux de Tristane Banon,

1. Dans l'émission *Rendez-moi mon portable*, sur RTL, le 27 juillet 2011.
2. Tristane Banon fait probablement référence à un garde du corps de DSK ou à Ramzi Khiroun, son conseiller en communication à l'époque.
3. Éditions Au Diable Vauvert, octobre 2011.

Dominique Strauss-Kahn représente quelque chose de plus trouble que le pouvoir politique. Une entité maléfique, un animal. « *Le cochon* » ou « *l'Homme-babouin* », comme elle le désigne dans *Le Bal des hypocrites.* Un personnage intouchable, « *protégé* » par des réseaux puissants et occultes.

Tristane Banon ne justifie pas toujours son refus de porter plainte par la crainte que lui inspire DSK. Interrogée en 2008 sur le site *AgoraVox,* elle répond : « *Je me suis dit qu'il fallait vivre avec ça. Et puis qu'est-ce que j'ai à y gagner ? De l'argent ? Je ne veux pas de son fric. Et si c'est pour faire vendre des bouquins sur ce genre de réputation, franchement je préfère en vendre peu ou pas.* »

Elle explique aussi parfois que les faits sont prescrits ou qu'elle ne possède aucune preuve : « *Je n'empêcherais jamais personne de penser que je raconte des mensonges,* écrit-elle à l'auteur de ce livre, en novembre 2010. *Je suppose que c'est tout simplement humain que de penser systématiquement que l'autre ment, ou qu'il agit par intérêt – lequel d'ailleurs ? Je n'ai jamais bien compris, mais qu'importe. Il y a aussi les malveillants, j'en ai découvert quelques-uns, mais contre eux je ne peux pas me battre et, quoi que je vous dise, ceux-là trouveront le moyen d'expliquer que je mens… C'est vieux tout ça, oublions. Désolée, je suis un peu désabusée, mais c'est une double peine que de subir un préjudice et de payer pour ça pendant près de sept ans.* » Dans un deuxième courrier à l'auteur, le 14 décembre 2010, Tristane Banon ajoute : « *Je suis en train de finir mon prochain roman... Je n'ai franchement pas envie de repenser à tout ça. C'était il y a plus de huit ans, M. Taubmann. Je suis vraiment désolée, mais je crois qu'il est temps pour tout le monde, à commencer par moi, de passer à autre chose. On ne peut pas continuer à en vouloir à quelqu'un pour une erreur commise il y a si longtemps... Quant à moi, je ne peux pas ressasser le passé jusqu'à ma mort, sinon je risque de mourir plus tôt que prévu !* »

L'auteur est frappé par le ton apaisant des messages de Tristane Banon qui parle d'une simple « *erreur* » à propos de DSK. Avec le temps va, tout s'en va... La jeune romancière est en quête d'une vie rangée. Elle a pris ses distances avec le milieu des nuits parisiennes et a été mariée brièvement avec un restaurateur. Mais cette union s'est mal passée. Ils étaient trop différents. Depuis, elle a vécu une relation amoureuse avec un garçon de treize ans plus jeune qu'elle et, par ailleurs, fils du directeur de la rédaction d'un grand hebdomadaire. Tristane tente d'apaiser les relations avec sa mère. Mais un ami qui les voit ensemble est frappé « *par le fait que Tristane se comporte comme une petite fille, effrayée par sa mère* ». La jeune écrivaine vit seule avec son chien Flaubert dans un deux-pièces qu'elle a acheté à Boulogne-Billancourt, où le maire UMP-Nouveau Centre Pierre-Christophe Baguet l'a nommée membre du CESL – Conseil économique et social local, présidé par l'intellectuel libéral Guy Sorman. Elle travaille depuis 2008 aux éditions du Cherche-Midi comme directrice de collection. Elle y a en apparence trouvé une certaine stabilité et, dans une ambiance quasi familiale, elle participe, avec l'ensemble du personnel, à l'arbre de Noël de l'entreprise. La romancière semble avoir tourné la page. Le 13 juin 2010, elle invite quelques amis dans son appartement de Boulogne-Billancourt afin de célébrer ses trente et un ans. « *Tristane se sent rarement vraiment bien* », disent ses proches. Ils témoignent aussi que, en 2010, elle ne va pas si mal. En tout cas, elle ne parle pas d'un traumatisme lié à DSK.

Peu avant cet anniversaire, Tristane Banon a même tenté une démarche de réconciliation en direction de Dominique Strauss-Kahn ! Une anecdote stupéfiante que nous révélons ici. Elle concerne Yves Azéroual. Ce journaliste politique, également réalisateur de télévision, est proche de DSK, qu'il a rencontré en suivant pour l'hebdomadaire *Actualité juive* la campagne des législatives, à Sarcelles, en 1993. Il est surtout un ami de Ramzi Khiroun, qui fut longtemps un des conseillers en communication de DSK.

L'histoire commence un après-midi de mai ou juin 2010 à la terrasse du Café de Flore, à Saint-Germain-des-Prés. Habitué des lieux, Yves Azéroual y est installé en compagnie d'un ami. Assise à une table voisine, une jeune femme blonde les aborde. « *Je suis frappé par sa maigreur et son allure d'adolescente avec ses jeans troués aux genoux. Elle prétend me connaître par la lecture de mes livres. Me tendant sa carte des éditions du Cherche-Midi, elle me dit qu'on lui a demandé de créer une nouvelle collection avec des auteurs de livres politiques. Sympathique, très volubile, elle insiste beaucoup pour nouer le contact.* » Yves Azéroual l'invite à dîner chez lui, boulevard du Montparnasse, quelques jours plus tard. Parmi les amis réunis autour de la table, se trouve Véronique Bensaïd. Cette conseillère parlementaire auprès du gouverneur de la Banque de France, conseillère régionale apparentée UMP, fut longtemps une collaboratrice de Dominique Strauss-Kahn à la mairie de Sarcelles, puis au ministère des Finances. Pendant le repas, elle va voir discrètement Yves Azéroual dans sa cuisine. « *Tu sais qui est cette fille ?* » lui demande-t-elle à propos de Tristane Banon. Yves Azéroual l'ignore totalement. Elle lui explique alors toute l'histoire. Le journaliste décide de ne rien dire et laisse le dîner s'achever normalement. Après le départ des convives, il visionne l'émission d'Ardisson mise en ligne sur Internet. Il est sidéré. « *Deux ou trois jours plus tard,* raconte Yves Azéroual, *Tristane Banon me relance par téléphone. J'accepte de prendre un verre en sa compagnie. Je lui explique alors qu'étant un ami de Ramzi Khiroun, lui-même proche de DSK, je dois mettre un terme à notre rencontre.* » Peu après, un des invités à la soirée, qui a revu Tristane Banon, dit à Azéroual qu'elle est « *très blessée* » par son attitude. « *Elle voulait absolument par ton intermédiaire rencontrer Ramzi Khiroun*, explique-t-il. *Elle est soucieuse d'apaisement et veut tourner la page. Elle regrette ce qui s'est passé et veut aplanir le différend avec Dominique Strauss-Kahn.* »

Mystérieuse Tristane Banon qui, au printemps 2010, semble décidée à enterrer la hache de guerre ! Dans ce cas, pourquoi déclare-t-elle au journal de 20 heures sur France 2, le 13 juillet 2011 : « *J'ai su que je pourrais porter plainte seulement depuis que j'ai pris un nouvel avocat il y a un an et demi* » ? Sapristi ! Si l'on en croit ses propos, l'offensive de Tristane Banon contre Strauss-Kahn n'est pas née de sa colère le 15 mai 2011, après l'agression supposée de Nafissatou Diallo, comme elle l'écrit dans *Le Bal des hypocrites.* Elle aurait été préméditée de longue date avec son avocat.

« *Mais qui connaît Monsieur Koubbi ?* » ironise l'un des avocats de Dominique Strauss-Kahn, Jean Veil, au lendemain du dépôt de plainte de Tristane Banon, le 4 juillet 2011. « *Tout le monde* », pourrait-on lui répondre quelques semaines plus tard. Grâce à « l'affaire Banon », David Koubbi, l'amateur de boxe, a gagné sa place au milieu des autres avocats médiatiques, tels Gilbert Collard, Jacques Vergès, Georges Kiejman, Francis Szpiner… Avec ses trente-neuf ans, ses allures de beau gosse, la chemise ouverte sans cravate, l'air toujours en colère, les yeux de braise, il fait partie de ceux qu'on appelle les « bons clients » dans les talk-show télévisés, toujours prêts à faire un esclandre en direct, à s'indigner qu'un journaliste le contredise, à lancer une formule outrancière à l'égard de ses ennemis supposés.

Le talent médiatique de David Koubbi est si éblouissant qu'il transforme le plomb en or, l'échec judiciaire d'une plainte classée sans suite par le parquet de Paris en victoire morale pour Tristane Banon. « *Dominique Strauss-Kahn est un agresseur sexuel non jugé* », clame-t-il, triomphant, le 14 octobre 2011. « *L'innocent est coupable* », aurait dit l'humoriste Pierre Dac ! Tout ça pour ça ? David Koubbi le savait depuis le début. Faute de preuve, la plainte pour tentative de viol menait à une impasse. Dans les semaines qui ont suivi l'arrestation de Dominique Strauss-Kahn, Tristane Banon refusait obstinément de saisir la justice. Sa mère s'égosillait devant micros et caméras. Tristane, prise de vertige, se terrait. David Koubbi l'a convaincue. Dans son livre *Le Bal des hypocrites,* elle lui rend hommage à chaque page. Il n'est pas son amant, dit-elle, contrairement aux bruits répandus dans Paris. Il est plutôt un grand frère qui la réconforte et l'invite à partager avec sa jeune épouse et leur enfant quelques instants d'intimité familiale sur la terrasse de leur appartement situé dans un beau quartier parisien. On sent chez elle de l'admiration et une confiance absolue. Il l'a menée sur des sentiers judiciaires qu'elle refusait d'emprunter. David Koubbi est un diable d'homme.

« *J'ai été construit sur un mensonge. Tout petit, ma mère m'a fait croire que j'étais quelqu'un d'important.* » Ainsi parle David Koubbi, le faux modeste, au micro de Michel Drucker sur Europe 1, le 12 septembre 2010. L'émission s'appelle *Les Numéros 1 de demain*. Elle présente aux auditeurs des trentenaires ambitieux dans tous les domaines, politique, affaires, culture. Comme beaucoup d'autres invités, David Koubbi piaffe d'impatience aux portes de la gloire. Il est né à Toulouse en 1972, dans une famille juive originaire de Casablanca, comme le père de Tristane Banon, dans ce Maroc où Dominique Strauss-Kahn a grandi... Enfant à la fois hyperactif et cancre, David Koubbi, orienté vers une section sport-études, devient bon élève, tout en canalisant son énergie débordante dans la boxe et la pelote basque. Ayant obtenu une maîtrise en droit économique, suivie d'un doctorat en droit de la presse, David Koubbi « *monte* » à Paris. Il apprend vite. Après avoir fait ses classes au cabinet Rambaud Martel, puis au cabinet américain Hughes Hubbard & Reed, il lance, avec un autre jeune avocat Benoît Pruvost, le cabinet 28 octobre. Pourquoi ce nom ? « *Juste pour que vous m'en demandiez la raison* », répond-il aux curieux. Les deux jeunes gens ne veulent pas passer inaperçus. Ils louent de vastes bureaux – six cents mètres carrés –, non loin de la place de l'Étoile, pour leur cabinet d'affaires aux allures de salon mondain. Ils y exposent des œuvres d'art tous les deux mois et organisent chaque 28 octobre un cocktail où se côtoient industriels et artistes. Car ce cabinet se partage entre le droit des affaires et celui de la presse. David Koubbi et son associé visent une clientèle médiatique.

Me Koubbi n'a qu'un regret : il aurait aimé défendre Bertrand Cantat, le chanteur de Noir Désir, accusé en 2003 du meurtre de sa compagne Marie Trintignant. Mais avec Benoît Pruvost, il se vante de compter parmi leurs clients l'ancien trader Jérôme Kerviel, l'actrice Isabelle Adjani, le producteur de musique Jean-Claude Camus et l'animatrice Clara Morgane, ainsi que Stéphane Delajoux, le médecin des stars accusé par Johnny Hallyday de l'avoir mené aux portes de la mort. Dans plusieurs affaires médiatiques de ces dernières années, on trouve le nom de Koubbi même si, souvent, il n'y a joué qu'un rôle secondaire. « *L'essentiel, c'est d'être sur la photo* », persifle un ténor du barreau, peut-être jaloux de la notoriété de cette étoile montante.

David Koubbi ressemble si peu à ses confrères blanchis sous le harnais qui se présentent en robe d'avocat devant les caméras ! Lui ne se laisse pas enfermer dans la fonction. Il compte d'ailleurs plusieurs cordes à son arc. En 2004, il écrit un premier roman d'amour *Hélium & papillons*[1], qu'il dédie à sa mère. Il en annonce un autre pour bientôt.

1. Éditions Fischbacher.

David Koubbi, adolescent dans les années 1980, appartient à la génération des Restos du cœur et de SOS Racisme. Il se présente comme passionnément dévoué aux autres. Il a créé un site internet – tokup.fr –, dédié à la prestation de services aux particuliers et, après le tremblement de terre de janvier 2010, il s'est précipité en Haïti. Des reportages réalisés à Port-au-Prince le montrent aux côtés de Sean Penn ou de Bill Clinton. De retour à Paris, il a organisé une vente d'œuvres d'art, qui a rapporté près de 40 000 euros, aussitôt reversés à l'association SOS Haïti, qui s'occupe d'adoptions d'enfants haïtiens. David Koubbi est un homme bon. Il veut que cela se sache. La seule photo qui illustre sa page Facebook le montre agenouillé, souriant et protecteur, face à un enfant haïtien rescapé du séisme. Pour prolonger cet engagement, il envisage de lancer un label garantissant la fabrication des produits commercialisés par des personnes qui ne sont ni des enfants ni des esclaves. Une matière de favoriser le « commerce moral ».

David Koubbi est décrit par certains amis comme « *totalement apolitique* ». Accusé d'être instrumentalisé contre le Parti socialiste dans « l'affaire Banon », il a démenti avec la plus grande fermeté les rumeurs qui l'annonçaient candidat de l'UMP aux législatives de 2012 dans son département de Haute-Garonne. Il a, au contraire, affirmé à travers plusieurs interviews sa proximité avec les valeurs de la gauche, « *celle de Jaurès et de Blum* », dit-il en substance au micro d'Éric Brunet sur RMC en juillet 2011, qu'il oppose à « *la gauche de Strauss-Kahn et de Hollande* [...] *pervertie par le fric, le mensonge et le mépris des femmes.* »

Me Koubbi se veut un redresseur de torts des hommes politiques. Dans l'interview accordée à Michel Drucker le 12 septembre 2010, il déclare en substance : « *Nous sommes quelques-uns à considérer que certains hommes politiques vont trop loin. Ils se croient tout permis dans trop de domaines. Ce n'est pas acceptable dans une démocratie. Nous avons décidé de leur dire : "Stop ! Vous n'irez pas plus loin".* » Parmi ses nombreuses activités, David Koubbi est actionnaire d'une société d'audiovisuel élégamment nommée Ta Chatte Productions ! Celle-ci n'a produit pour l'instant qu'une seule émission : les *Gérard de la politique.* Ce pastiche des Césars, présenté au Palace devant le Tout-Paris médiatique, a été diffusé en direct sur Paris Première le mardi 10 mai 2011. Il vise à « récompenser » les pires des hommes politiques français. Comme lors d'une cérémonie des Césars, les animateurs, deux humoristes, lisent d'abord la liste des nominés. Puis, après avoir ménagé quelques instants de suspense, ils donnent la décision du jury composé, entre autres journalistes, de Philippe Tesson, Philippe Bouvard, Karl Zéro, Éric Brunet, Éric Naulleau, ainsi que du médecin urgentiste Patrick Pelloux. Le « *Gérard du ministre qui lèche le plus les bottes de son président* » est décerné à Frédéric Lefebvre, et celui du « *vieux machin fabriqué sous Mitterrand* » revient à Jack Lang. Enfin, le « *Gérard du queutard* » est attribué haut la main à Dominique Strauss-Kahn. Sous les rires et les applaudissements de la salle, où se trouve David Koubbi, un acteur déguisé en un gigantesque phallus parcourt la scène dans tous les sens. Chacun reconnaît dans cette monstrueuse marionnette le directeur général du FMI.

Sous les rires, couve l'orage… Le lendemain des *Gérard*, le 11 mai, *L'Express* consacre sa une au mode de vie peu prolétarien de DSK. Point de départ de ce long dossier, une photo de Dominique Strauss-Kahn et Anne Sinclair montant dans la Porsche de fonction de leur ami Ramzi Khiroun, consultant en communication du groupe Lagardère le 28 avril. Le 12 mai, *France-Soir* taille un costume à Dominique Strauss-Kahn en affirmant qu'il s'habille à Washington chez un tailleur pratiquant des tarifs mirobolants. L'information sera vivement démentie par le patron du FMI. Mais dans le même journal, l'éditorialiste Gérard Carreyrou évoque un « scénario catastrophe » qui conduirait à l'effondrement de la candidature de Strauss-Kahn. Malgré l'affaire de la Porsche, DSK reste pourtant le grand favori d'un duel annoncé depuis plusieurs années avec Nicolas Sarkozy.

XXIII

« Nicolas » et « Dominique »

DSK *vs* Sarko. Tel est au printemps 2011 le duel annoncé de la présidentielle de l'année suivante. Belle affiche ! D'un côté, le Président sortant. De l'autre, le seul qui, parmi ses challengers, fort de son expérience internationale à la tête du FMI, peut revendiquer un statut de quasi-chef d'État. Les sondages promettent à Dominique Strauss-Kahn des scores mirobolants, plus de 60 % parfois au deuxième tour. On plébiscite son intelligence, sa compétence, son expérience. Mais il est difficile à son propos de parler de popularité. Installé à Washington depuis quatre ans, DSK est devenu un acteur virtuel de la politique française, éloigné géographiquement et socialement des préoccupations populaires. « *Il n'est pas un homme du terroir* », dit à son propos Christian Jacob, président du groupe UMP à l'Assemblée nationale. Dominique Strauss-Kahn suscite une vive hostilité parmi les journalistes qui ne l'aiment pas, et au sein de la gauche radicale qui lui reproche de participer à travers le FMI à la direction du capitalisme international. DSK est « *l'affameur des peuples* », explique d'estrades en micros le leader du Parti de gauche Jean-Luc Mélenchon. DSK est un clone de Nicolas Sarkozy, complète la sociologue Monique Pinçon-Charlot, héritière de Pierre Bourdieu, qui déclare au *Monde*, le 22 septembre 2010 : « *Au sein du Parti socialiste, il y a des oligarques de gauche, comme Dominique Strauss-Kahn, dont les réseaux et les valeurs ne sont pas si éloignés que cela de ceux de Nicolas Sarkozy. Et c'est d'ailleurs* [...] *le risque qui existe pour l'élection de 2012 de voir un oligarque de gauche remplacer un oligarque de droite, ayant pour valeur principale le néolibéralisme, le capitalisme dans sa phase financiarisée et mondialisée, au service d'une seule classe, celle qui a accès, précisément, à la planète finance.* »

Sarkozy et Strauss-Kahn, ce serait donc bonnet blanc et blanc bonnet ?

En réalité, beaucoup de choses séparent les deux hommes. Nicolas Sarkozy, héritier politique rebelle de Jacques Chirac, est un pragmatique rétif à tout carcan idéologique : libéral, conservateur, sécuritaire, « de droite sans complexe » quand il est dans l'opposition, il pratique, une fois élu, « l'ouverture à gauche », la main tendue à l'écologie, et se mue en pourfendeur du capitalisme financier après avoir imposé comme première mesure le bouclier fiscal en faveur des plus fortunés.

Dominique Strauss-Kahn est plus cohérent d'un point de vue intellectuel. Après être entré au PS par la porte de gauche, celle du Cérès, il a toujours œuvré au sein du Parti ou comme ministre des Finances en faveur d'une social-démocratie capable de concilier réduction des déficits et redistribution. Un duel Strauss-Kahn/Sarkozy n'aurait pas pris la forme d'un combat idéologique, comme celui opposant jadis François Mitterrand à Valéry Giscard d'Estaing, prônant deux types différents de société, mais celle d'un affrontement entre deux dirigeants expérimentés, divergeant sur les solutions à apporter à la crise. Les deux hommes ne se sont affrontés que deux fois à la télévision en période électorale. Ils jouaient encore les seconds rôles. La première fois en 1993, à la veille des élections législatives perdues par la gauche, Dominique Strauss-Kahn, quarante-quatre ans, est un jeune ministre de l'Industrie et du Commerce extérieur, et Nicolas Sarkozy, trente-huit ans, le secrétaire général du RPR, dans l'ombre de Jacques Chirac.

Le deuxième face-à-face s'est déroulé le 18 mars 2002, sur France 2, dans l'émission *Mots croisés.* Chacun des deux boxeurs arrive sur le ring couvert de plaies et de bosses. Nicolas Sarkozy, qui a choisi Balladur contre Chirac en 1995, sort du purgatoire ; et Dominique Strauss-Kahn se remet de « l'affaire de la Mnef » qui l'a obligé en 1999 à démissionner de Bercy. Dans les dernières minutes de l'émission,

Dominique Strauss-Kahn « se paie » littéralement Nicolas Sarkozy. On parle d'économie. Et DSK fait la leçon à l'ancien ministre du Budget. « *Restez modeste, ça vous va mieux* », interrompt le maire de Neuilly. DSK poursuit sa démonstration. Nicolas Sarkozy tente d'ironiser : « *Pardon, on n'est pas à l'université, j'veux dire, excusez-moi, merci, merci, monsieur le professeur...*

– *Si vous étiez mon élève, vous n'auriez pas fait cette erreur* », lâche, cinglant, Strauss-Kahn.

« Nicolas » et « Dominique » se connaissent depuis longtemps. Comme beaucoup de députés, habitués à se côtoyer lors des interruptions de séance à la buvette de l'Assemblée nationale, ils usent du tutoiement des collègues de travail. S'ils n'ont jamais été vraiment amis, ils se sont un peu fréquentés à une époque. Au milieu des années 1990, les couples Strauss-Kahn et Sarkozy pendent la crémaillère chez Jacques Attali à Neuilly et dînent ensemble chez Martin Bouygues, le patron d'Anne Sinclair à TF1. La présentatrice de *Sept sur Sept* se rappelle avoir invité Nicolas Sarkozy pour la première fois dans son émission, en 1992. « *C'était un jeune député très en vue,* raconte-t-elle, *promis à un brillant avenir, alors que la droite était annoncée comme victorieuse aux législatives de l'année suivante. J'ai été frappée par le fait qu'il ne cachait pas son ambition. Il disait qu'il voulait devenir ministre. Peu lui importait le poste, il voulait devenir ministre*[1]. » Les deux couples ont dîné deux fois en tête à tête, se rappelle Anne Sinclair : « *La première fois, c'était au Fouquet's en 1993 ou 1994. Nicolas Sarkozy était ministre du Budget et Dominique, battu aux législatives, était avocat d'affaires. Le deuxième dîner a eu lieu chez nous vers 1997-1998. À cette époque, les rôles sont inversés. Sarkozy connaît sa traversée du désert, et Dominique est à Bercy. J'ai revu ensuite Sarkozy, pour l'interviewer à l'occasion de mes deux livres sur les hommes politiques,* Deux ou trois choses que je sais d'eux *et* Caméra subjective, *parus respectivement en 1997 et 2002. Je lui ai parlé au téléphone quand il était ministre de l'Intérieur. Mais je ne l'ai vu que deux fois en huit ans : pendant la campagne électorale de 2002, puis au G20 où j'accompagnais Dominique en 2010*[2]. »

Et Cécilia ? « *Nous avions des relations correctes, sans plus. Nous sommes très différentes au niveau du caractère. Elle m'a téléphoné il y a dix-huit mois environ pour me proposer de participer à la fondation pour les femmes qu'elle voulait lancer. Mais je n'ai pas donné suite. Je l'ai rencontrée pour la dernière fois par hasard, à Noël dernier, dans un avion qui nous menait à Marrakech. Elle était avec son mari Richard Attias, que je connais mieux pour l'avoir rencontré lorsqu'il organi-*

1. Entretien avec l'auteur, 12 octobre 2011.
2. *Ibid.*

sait une soirée pour l'Unesco dont j'assurais l'animation[1]. » Anne Sinclair insiste sur le fait que son mari et Nicolas Sarkozy n'ont jamais entretenu d'autres relations que professionnelles. Il est cependant difficile d'être en mauvais terme avec l'actuel président de la République. Ministre de l'Intérieur, il se montrait souvent prévenant avec les élus d'opposition, comme en témoigne cette anecdote qui concerne Dominique Strauss-Kahn, citée par Ariane Chemin dans *Le Nouvel Observateur* du 16 mai 2011 : *« L'ancien ministre socialiste s'amusait encore en mars 2006 des largesses que son ancien commensal multipliait à son égard. Un dimanche d'hiver, Place Beauvau, Sarkozy reçoit DSK, député du Val-d'Oise, et François Pupponi – l'homme de confiance et de terrain de Strauss à Sarcelles –, au lendemain d'une triple agression antisémite. "Et vous, Monsieur Pupponi, vous êtes de gauche, vous n'êtes pas pour la vidéosurveillance ?" Si, le maire de Sarcelles est pour, mais il manque d'argent pour l'installer : "C'est très cher, Monsieur le Président, il faut plusieurs millions d'euros". Sous l'œil amusé de DSK, le ministre de l'Intérieur tance alors son directeur de cabinet Claude Guéant : "Claude, vous me dites que l'enveloppe nationale consacrée n'est pas élastique. Mais rien n'est impossible !" »* En campagne pendant presque cinq ans au ministère de

1. *Ibid.*

l'Intérieur, entre 2002 et 2007, Nicolas Sarkozy a « copiné » avec beaucoup d'adversaires politiques. C'est ainsi qu'il a préparé le terrain à « l'ouverture ». Élu président, il prendra Bernard Kouchner, Jean-Marie Bockel, Éric Besson, Jean-Pierre Jouyet, Fadela Amara, Martin Hirsch dans les filets de l'ouverture. DSK, lui, n'entrera pas au gouvernement. Mais le soutien du Président fera nager ce gros poisson socialiste dans les eaux territoriales d'un sarkozysme consensuel…

Ce 29 juin 2007, place Léon-Blum, devant la mairie du XIe arrondissement de Paris, Dominique Strauss-Kahn et sa famille attendent les derniers invités au mariage de Marine, trente et un ans, sa deuxième fille. Le père de la mariée s'éloigne un moment, l'oreille collée à son téléphone. Il écoute attentivement Jean-Claude Juncker, le Premier ministre du Luxembourg : l'Espagnol Rodrigo Rato a démissionné la veille de la direction générale du Fonds monétaire international. *« Pourquoi pas toi ? »* suggère Jean-Claude Juncker à DSK. Autrement dit, de briguer le poste de directeur général devenu vacant. « *Tu pourrais être le candidat commun des vingt-cinq pays de l'Union européenne.* » Dominique Strauss-Kahn n'y avait pas songé. Depuis son humiliante défaite face à Ségolène Royal à la primaire socialiste de novembre 2006, l'ancien ministre des Finances s'ennuie. Il a mal vécu la campagne présidentielle de 2007. Excepté quelques réunions ici ou là, l'hiver a été dominé par un grand sentiment d'inutilité. Mais la défaite de Ségolène Royal lui a rouvert un espace. Dès le soir du deuxième tour, Dominique Strauss-Kahn, sur les plateaux des télévisions, appelle à la rénovation de la gauche. Pendant le mois qui suit, on le sollicite pour venir soutenir des candidats aux législatives dans toute la France. Sa cote de popularité grimpe en flèche. Dominique Strauss-Kahn, candidat de la gauche en 2012 ? Des instituts de sondage testent cette hypothèse encore irréelle à cinq ans de la présidentielle. DSK, lui, n'exclut rien. Mais il sait une chose : il ne passera pas cinq ans à faire tapisserie dans les instances du PS.

Quand Juncker lui parle du FMI, Dominique Strauss-Kahn est emballé. Pour faire aboutir sa candidature, il lui faut désormais le soutien des gouvernements européens. Parti le lendemain du mariage de sa fille à Yalta, en Crimée, où il assiste au YES – Yalta European Seminar –, un *think tank* de haut niveau, DSK appelle Romano Prodi, alors président du Conseil italien, qui l'assure de son soutien. De son côté, le Premier ministre luxembourgeois a sondé la chancelière allemande Angela Merkel, son collègue néerlandais et l'Espagnol José Luis Zapatero. Le climat semble plutôt favorable. Mais pour devenir le candidat des Européens, Dominique Strauss-Kahn a besoin, évidemment, du soutien de son propre pays. Il est délicat pour lui d'appeler Nicolas Sarkozy. Selon la version de Dominique Strauss-Kahn,

Juncker s'en charge. Selon celle d'Alain Minc, ami commun, à l'époque, du leader socialiste et du nouveau président de la République : *« DSK m'appelle et me dit "Tu ne devineras jamais, Juncker vient de me téléphoner et me suggère de me présenter pour le FMI parce que Rato s'en va avant la fin de son mandat. Qu'en dis-tu ? Est-ce que j'aurai le soutien de la France ?"* » Alain Minc affirme avoir aussitôt appelé le Président : *« Je lui répète ce que DSK vient de me dire. Sarkozy me répond, sans hésiter : "On fonce !" Je lui demande par précaution de vérifier auprès de Juncker. J'attends un moment. Sarkozy me rappelle : "J'ai eu Juncker, dit-il, c'est vrai ! On fonce ! — Attends, réfléchis une minute, tu ne prends pas le risque de mettre un concurrent en selle ?" Sarko répond en riant : "Mais, voyons, tu sais très bien qu'il ne peut pas être candidat !"* » Que signifie cette dernière phrase ? Les frasques sexuelles de DSK sont connues des initiés. Nicolas Sarkozy, ministre de l'Intérieur, a vu passer des « notes blanches » des renseignements généraux sur DSK, comme sur d'autres hommes politiques de tous bords. Ces « notes blanches » non signées charrient beaucoup de ragots et quelques vérités. Nicolas Sarkozy s'est toujours dit hostile à l'utilisation politique de la vie privée. Il a lui-même souffert de l'affaire Clearstream et de l'étalage de ses déboires conjugaux. Même s'il n'envisage certainement pas à cette époque le moindre mauvais coup contre un homme qu'il traite en ami, le nouveau Président français a intégré l'idée que DSK, avec son mode de vie libre et « friqué », n'a pas le profil d'un champion de la gauche au poste suprême.

Le Président français n'est pas obligé de soutenir comme il le fait, avec enthousiasme, la candidature du socialiste. Mais il flaire le « bon coup ». Sarkozy se donne le beau rôle, tout en éloignant à Washington un possible candidat de la gauche à la présidentielle de 2012. DSK jubile, car il va enfin décrocher un poste à sa mesure. Le FMI, installé à Washington, a été fondé en 1944, afin d'aider à la reconstruction de l'économie mondiale au lendemain de la seconde guerre mondiale. Il regroupe aujourd'hui cent quatre-vingt-sept pays, soit l'essentiel de la planète. L'affaire est rondement menée. Le 2 juillet, les ministres des Finances de l'Union européenne réunis à Bruxelles entérinent la candidature du socialiste français, malgré quelques réticences britanniques que Nicolas Sarkozy contribuera à lever en appelant lui-même le Premier ministre Gordon Brown. Les États-Unis soutiendront le choix européen en vertu d'un accord qui leur assure la direction de la Banque mondiale. Avec le Japon et le Canada, la majorité est assurée. Mais Dominique Strauss-Kahn, ne voulant pas être le candidat des seuls pays riches, va entamer une tournée planétaire, afin de convaincre aussi les représentants d'Afrique, d'Amérique latine et d'Asie.

DSK est reçu à l'Élysée dans la première semaine de juillet. Poignées de mains, sourires complices, tutoiement assumé en public. Les deux hommes jouent gagnant-gagnant. La République française prend en charge tous les frais de campagne, comme c'est l'usage lorsqu'un compatriote brigue la direction d'une institution internationale. Sarkozy s'implique sans réserve, mais c'est Strauss-Kahn qui mouille la chemise. En quelques semaines, il parcourt plusieurs dizaines de milliers de kilomètres, accompagné d'Ambroise Fayolle, un haut fonctionnaire du Trésor, qui prendra bientôt un poste d'administrateur au FMI. S'exprimant parfaitement en anglais et en allemand, ayant de solides notions d'espagnol et comprenant un peu l'arabe, DSK séduit des auditoires parfois rétifs. Il s'engage à être le dernier dirigeant occidental du FMI. Confronté à un fade adversaire, Josef Tosovsky, l'ancien responsable de la banque centrale de Tchécoslovaquie au temps de l'Union soviétique, dont la candidature est portée à bout de bras par la seule Russie, Dominique Strauss-Kahn est élu à une écrasante majorité, le 28 septembre 2007, par le conseil d'administration du Fonds. Nicolas Sarkozy salue une « *grande victoire de la diplomatie française* » et vante sa propre politique d'ouverture à l'égard d'hommes et de femmes choisis « *sans tenir compte de leur passé politique, mais en tenant compte de leurs qualités* ».

Avant son élection, le nouveau directeur général du FMI a promis d'aller au bout de son mandat de cinq ans, contrairement à ses prédécesseurs immédiats, démissionnaires avant terme. Le respect d'un tel engagement le menant jusqu'en octobre 2012 lui interdirait toute candidature à la prochaine élection présidentielle française prévue en avril ou mai 2012. Or quelques semaines après sa désignation, le nouveau patron du FMI, dans une interview donnée à la presse, nuance cet engagement. Puis, quelques mois plus tard, il joue avec le devoir de réserve imposé par ses fonctions, en allant saluer ses camarades socialistes français réunis à la salle de la Mutualité, à Paris.

Nicolas Sarkozy ne se formalise pas des quelques signaux donnés par « Dominique ». « *Il ne veut pas être candidat* », répète-t-il souvent à ses interlocuteurs, avant d'ajouter : « *C'est un jouisseur* », « *Il aime trop la vie*[1] »... « *Sarkozy restait persuadé que le job était trop emmerdant pour Strauss-Kahn et qu'il n'irait jamais* », résume l'ancien porte-parole de l'UMP Dominique Paillé[2]. Déjà à cette époque on sous-entend que DSK, à cause de ses mœurs débridées, ne pourra jamais assumer la lumière qu'impose une campagne présidentielle. DSK candidat ? L'échéance est lointaine, et Sarkozy n'y croit pas.

1. Ariane Chemin, in *Le Nouvel Observateur*.
2. *Ibid.*

Un autre Français, Michel Camdessus, a dirigé pendant treize ans le FMI. Qui s'en souvient ? Cette institution lointaine, pas plus que l'OMC ou l'OCDE, n'a jamais servi de tremplin à une carrière hexagonale. Mais Dominique Strauss-Kahn, lui, est un politique. Et les événements vont l'aider. Il est un des premiers à prévoir la crise financière aussi brutale que dévastatrice qui éclate à l'automne 2008. En janvier 2008, au Forum de Davos, il lance un cri d'alarme, réclamant une relance budgétaire de 2 % au niveau mondial au vu de l'ampleur de la crise qui s'annonce. Venant du FMI, connu pour être le gendarme budgétaire de la planète, c'est une révolution. Larry Summers, ancien ministre des Finances de Clinton et futur conseiller d'Obama, ne s'y trompe pas. Il déclare devant la salle bouche bée : « *Vous venez de vivre un moment historique. C'est la première fois qu'un DG du FMI appelle à un stimulus budgétaire.* » La crise financière de l'automne 2008 remet au goût du jour la régulation économique prônée par le social-démocrate DSK. Le rôle du FMI change. Il devient un acteur politique de premier plan et son directeur général se retrouve aux côtés des « grands », lors des G20 spécialement réunis pour faire face à la situation délicate.

Alors qu'éclate la crise, le patron du FMI vacille sur son trône. Le 18 octobre 2008, le quotidien américain *Wall Street Journal* révèle sa liaison avec Piroska Nagy, l'économiste hongroise de quarante ans chargée du département Afrique au FMI. Pendant quelques jours, l'avenir de DSK est suspendu aux résultats de l'enquête menée par un cabinet d'avocats indépendant, spécialisé en droit du travail, Morgan, Lewis & Bockius LLP. Durant ce premier scandale sexuel, la classe politique française, gauche et droite confondues, fait bloc autour du compatriote victime de la vindicte de l'Amérique puritaine. Le président de la République a donné consigne à ses partisans de soutenir le directeur général du FMI. Nicolas Sarkozy se montrera personnellement solidaire quelques mois plus tard, lorsque, le 17 février 2009, l'humoriste Stéphane Guillon, faisant résonner les sirènes de France Inter, lors de sa chronique matinale, s'en prendra vivement à Dominique Strauss-Kahn. Nicolas Sarkozy joue-t-il un double jeu ? Est-il au courant des manœuvres organisées par certains de ses partisans dans le but de discréditer son possible rival à la prochaine présidentielle ?

À cette époque, des policiers de droite font circuler auprès de journalistes une « note blanche », qui évoque un procès-verbal de la police dressé après la découverte de Dominique Strauss-Kahn dans sa voiture avec une prostituée, au Bois de Boulogne, en 2006. Le quotidien *Le Monde* a fait état de cette « note blanche ». Son existence a ensuite été démentie par le ministère de l'Intérieur. Son contenu était faux.

À la date de l'incident supposé, l'ancien ministre, qui habitait alors avec Anne Sinclair avenue Maunoury, près du Bois de Boulogne, a été verbalisé place de Colombie à deux cents mètres de son domicile... pour avoir grillé un feu rouge ! Il était accompagné d'une collaboratrice qui revenait avec lui d'une réunion à Sarcelles. Aurait-il copulé dans sa voiture quasiment en face du domicile conjugal ? La collaboratrice le dément.

Selon les journalistes Fabrice Lhomme et Gérard Davet, auteurs de *Sarko m'a tuer*, un « cabinet noir » informel et totalement officieux aurait fonctionné pendant plusieurs années avec quelques policiers, dans le seul but d'accumuler des informations compromettantes à l'encontre de DSK. En réalité, les mœurs libres de Dominique Strauss-Kahn l'ont transformé depuis longtemps en cible pour certains de ses adversaires politiques. « *S'il était candidat, DSK ne tiendrait pas une semaine. On a des photos, elles existent ! On les fera circuler, ça ne plaira pas aux Français* », aurait insinué en 2009 Frédéric Lefebvre, alors porte-parole de l'UMP, en parlant de Dominique Strauss-Kahn aux journalistes Karim Rissouli et Antonin André, qui relatent ces propos dans leur livre *Hold-uPS, arnaques et trahisons*[1]. Frédéric Lefebvre a ensuite démenti. Mais au sommet du G20 qui s'ouvre à Pittsburgh quelques jours plus tard, en septembre 2009, les proches de DSK sont en colère et accusent les sarkozystes de propager des rumeurs malveillantes. « Nicolas »

1. Éditions du Moment, 2009.

et « Dominique » se retrouvent par hasard dans les toilettes du G20. L'échange est vif. *« Dis à tes gens d'arrêter leurs campagnes contre moi, sinon je porte plainte »*, menace Dominique Strauss-Kahn, qui ajoute : *« En plus, pourquoi tu m'emmerdes avec cela ? Je n'ai pas envie d'y aller, tu perds ton temps ! »* Nicolas Sarkozy, plutôt ennuyé, répond : *« Tu sais bien que ce n'est pas moi, ce n'est pas mon style. »*

Sarkozy considère-t-il vraiment à cette époque DSK comme un adversaire potentiel ? Ce n'est pas évident. Souvent, auprès de ses équipes, le Président raconte une anecdote pour expliquer que DSK ne sera pas candidat. Elle se déroule pendant la campagne pour le FMI, en 2007. À l'annonce de l'entrée en lice du Tchèque Tosovsky, que personne ne prenait au sérieux, DSK, selon Nicolas Sarkozy, l'aurait appelé de Corée du Sud, totalement angoissé, envisageant son échec comme inévitable. À son retour, DSK demande rendez-vous à l'équipe du Président. *« Est-ce que je dois tout arrêter ? Je vais être battu, ridiculisé ! »* On remonte alors le moral du candidat, en lui démontrant que les chances du Tchèque sont nulles. *« Vous voyez, il n'a pas les nerfs, il ne pourra jamais tenir une campagne. »* Telle est la leçon qu'aurait tirée Sarkozy devant ces conseillers.

Cette anecdote est peu crédible. DSK a l'habitude des campagnes électorales. Il a dû surmonter trois échecs difficiles avant de s'implanter durablement dans le Val-d'Oise.

Par ailleurs, c'est un homme de sang-froid, il le montrera par sa résistance nerveuse après son arrestation. Enfin, il n'a aucune raison d'être inquiet de la candidature d'un Tchèque, qui n'est même pas soutenu par son propre pays, alors que DSK, lui, peut compter à ce moment-là sur l'appui de l'Europe, des États-Unis et de nombreux autres pays.

Nicolas Sarkozy pratique la méthode Coué. Il prétend non seulement ne pas craindre la candidature de DSK, mais la souhaiter. Dans son entourage, on répète à cette époque que DSK serait « le candidat idéal », car il aurait les défauts du Président. Mais en pire. « *À côté de lui, j'aurais l'air d'un pasteur méthodiste* », dit parfois Sarkozy, en souriant. « *DSK*, ose alors cet inconditionnel du chef de l'État, *gomme les défauts de Sarko quand Martine Aubry, avec son côté Angela Merkel, les souligne. Le bling-bling? Terminé. Le cap Nègre n'est pas très chic à côté du ryad de Marrakech. Et la petite allée d'Auteuil, chez Carla, a l'air d'une maison de pauvresse à côté de l'appartement de la place des Vosges.* »

Début 2010, alors que DSK s'envole dans les sondages, le Tout-Paris politique et journalistique se repaît de la phrase d'Alain Minc, qu'il aurait racontée à Nicolas Sarkozy après avoir dîné à l'Ambroisie, place des Vosges, avec le couple Strauss-Kahn : « *Un type qui a grossi à Washington et qui commande des œufs aux truffes puis des ris de veau ne veut pas se présenter.* » Cette opinion est partagée par l'ambassadeur des États-Unis en France, qui ironise sur le « *manque de feu sacré* » de DSK, selon les télégrammes de WikiLeaks : « *Quand on a vraiment envie d'être Président et qu'on vit loin de son pays,* demande-t-on au Palais, en évoquant la dernière visite du patron du FMI, *est-ce qu'on arrive dans la cour de l'Élysée dans une Mercedes à 100 000 euros ? Est-ce comme ça qu'on se présente pour reconquérir les Français ?* » Peu après, le directeur général du FMI est accueilli à l'Élysée par le président de la République. Au terme de leur discussion, Nicolas Sarkozy, sur un ton complice, fait à DSK quelques recommandations : « *Dominique, toi et moi, on ne nous aime pas, on est pareils, on est des métèques, on aime le fric et les femmes. On a les plus jolies femmes. Les métèques et le fric aux États-Unis, ce n'est pas un problème. Les femmes, ce n'est pas pareil. Je te préviens : fais attention avec les femmes ; tu connais les Américains, ils ne plaisantent pas avec ces choses-là !* » Nicolas Sarkozy raccompagne son visiteur et, devant un de ses conseillers, lui tape dans le dos au moment de prendre congé : « *N'oublie pas ce que je t'ai dit, Dominique, hein, n'oublie pas.* »

« *Dominique serait le candidat idéal* », continue de répéter le président de la République. Le 21 février 2011, un de ses très proches conseillers en politique internationale, habitué à côtoyer DSK dans les sommets, fait cette analyse : « *C'est Hollande le plus dangereux. Il nous faut vraiment une can-*

didature DSK. Il sortira des primaires complètement affaibli. C'est pour cela d'ailleurs qu'il n'en veut pas. Son arrogance lui sera fatale. Il est dans la phase la plus facile : le désir des sondages et la com'. Pendant la campagne, Sarkozy paraîtra de plus en plus sympa. Heureusement, les socialistes vont lui faire un cadeau immense en allant chercher celui qui a plus de défauts que lui, Ils vont chercher à gauche le seul qui n'a pas la moelle. Sarkozy veut DSK en combat singulier, mais n'ose pas l'espérer. Tant il est certain qu'il ne sera pas candidat. »

En est-il vraiment certain ? Dès le sommet du G20 de Pittsburgh, en septembre 2009, le Président a donné l'ordre à ses sherpas d'arracher la date de début de la présidence du G20 en novembre 2010 pour un an. L'enjeu est capital. Dans ce cas, pendant toute l'année qui suivra et qui sera préélectorale en France, Sarkozy disposera d'une tribune internationale et DSK sera relégué au rang de haut fonctionnaire. On verra qui est le patron…

En réalité, la guerre est déclarée.

En juin 2010, au sommet du G20 de Toronto, Nicolas Sarkozy, répondant à un journaliste, se lance dans une longue tirade sur la réforme des retraites en France. Il insiste lourdement sur le fait qu'elle est conforme aux souhaits du FMI. « DSK est un libéral. » Tel est le message subliminal qu'il adresse à la gauche française, alors mobilisée pour le maintien de la retraite à soixante ans.

Interrogé sur la réforme du système monétaire européen, au cœur de l'agenda du G20 réuni en France, Sarkozy ne manque pas de remettre DSK à sa place : « *Bien entendu, les compétences techniques du directeur général du FMI seront sollicitées pour cette réforme.* »

En janvier 2011, dans le plus grand secret, Dominique Strauss-Kahn a arrêté sa décision : il sera candidat. Dès lors, les relations entre son équipe et celle de l'Élysée se tendent sérieusement. La stratégie de l'Élysée est très claire, selon un sherpa du Président chargé d'organiser les sommets de 2011 : « *Il faut montrer que DSK n'est pas l'égal des puissants. Le directeur du FMI est un haut fonctionnaire qu'on rencontre entre deux portes pendant quelques minutes. Il est d'abord un haut fonctionnaire.* » Président du G20 pour un an, Nicolas Sarkozy aura donc la possibilité de prouver aux Français son importance internationale lors d'une réunion organisée sur notre sol, à Cannes, six mois avant l'élection présidentielle. Dominique Strauss-Kahn aussi aurait bien voulu y être associé. Mais ses camarades socialistes ont fixé la date d'ouverture du dépôt des candidatures à la primaire au 28 juin, soit trois mois plus tôt qu'en 2006.

Reste un dernier sommet où les deux futurs challengers de la présidentielle vont jouer des coudes, celui de Deauville prévu fin mai 2011. Il est capital pour Dominique Strauss-Kahn d'y être présent, puisqu'il envisage de démissionner du

FMI à l'issue de la rencontre, puis d'annoncer sa candidature à l'élection présidentielle française. Il est donc tout aussi capital pour Nicolas Sarkozy d'écarter DSK du sommet de Deauville. Le conflit est feutré. Mais il n'échappe pas aux participants du séminaire de Nankin, en Chine, réuni le 31 mars 2011 à l'initiative du président Sarkozy, pour coordonner avec les autorités chinoises la réforme du système monétaire et établir la valeur du yuan, dont la faiblesse est un atout commercial pour les Chinois dans leurs exportations.

Pendant le séminaire, le patron du FMI rejoint une réunion de conseillers techniques, dont Xavier Musca, secrétaire général de l'Élysée, et d'autres collaborateurs de Sarkozy. Les hommes du Président apprécient ce moment avec DSK dont ils reconnaissent la virtuosité intellectuelle. L'homme est charmant, disert, poli, intéressé par la discussion qu'il suit en expert. Ils sont ravis de constater qu'un personnage de son rang vienne vers ses interlocuteurs en toute décontraction, s'arrêtant pour serrer la main à chacun. Comme s'ils avaient perdu l'habitude de ce genre de comportement.

Soudain, au cours de la réunion, on apporte un article de presse à DSK. La photocopie d'une brève confidentielle parue dans la presse française, faisant état de l'intention de l'Élysée de ne pas inviter le FMI au G8 de Deauville, organisé par la France les 26 et 27 mai. DSK s'approche à nouveau des collaborateurs de Sarkozy. C'est un autre homme. Le visage affable s'est obscurci d'un regard noir, la mâchoire est serrée. Le haut fonctionnaire courtois laisse la place à l'adversaire politique. DSK brandit l'article. « *Je dois absolument être à Deauville. Je vous préviens : si je ne suis pas invité à Deauville, je ferai éclater un scandale national !* » En réalité, à cet instant précis, le programme du G8 n'est pas encore arrêté. Les sherpas réfléchissent à la possibilité de consacrer le sommet au Printemps arabe, en organisant un soutien des pays du G8 en contrepartie d'avancées démocratiques. Mais tant que rien n'est validé par Sarkozy, la liste des participants n'est pas établie. Le programme, définitivement entériné quelques jours plus tard, permettra la participation du FMI au titre d'acteur majeur dans l'aide au développement des jeunes démocraties arabes.

Mais, les 26 et 27 mai, DSK sera loin, très loin de Deauville et du Printemps arabe, confiné dans sa prison dorée de Tribeca.

Épilogue

Dimanche 16 octobre 2011. Place des Vosges, à Paris. Rendez-vous chez le couple Strauss-Kahn pour un ultime entretien avant de conclure ce livre. Il est 17 h. Le deuxième tour de la primaire socialiste est un succès. On s'attend à deux millions et demi de votants. La fête s'annonce belle ce soir pour François Hollande. Elle aurait pu être celle de Dominique Strauss-Kahn. Les sondages le prédisaient jusqu'au 14 mai dernier. Ce 16 octobre, il est allé voter à Sarcelles, dans cette banlieue populaire aux multiples communautés, dont il fut maire, puis député, pendant quinze ans. À Sarcelles, « Dominique » est aimé, on le salue, on le serre dans les bras. Il est un enfant du pays. « *Tiens, v'là l'patron* », lance un élu quand il pénètre dans le bureau de vote. Anne Sinclair, elle, est allée voter dans le XVIe arrondissement où elle était domiciliée auparavant. Certains en ont conclu que le couple était au bord de la séparation. Ils ont sans doute surmonté des orages. Comment imaginer le contraire dans une telle situation ? Mais ce 16 octobre 2011, dans leur salon de la place des Vosges, ils paraissent très proches. On le voit aux gestes, aux regards, à la complicité. Un couple, uni par mille liens. Et désormais, par une souffrance partagée. Un supplice sans fin.

À défaut du triomphe politique promis, ce 16 octobre, ils auraient pu au moins savourer ensemble la victoire judiciaire obtenue trois jours auparavant : le classement sans suite de la plainte pour tentative de viol déposée par Tristane Banon. Mais ce succès a aussitôt été gâché par le communiqué du procureur de la République de Paris qualifiant de possible agression sexuelle la tentative d'embrasser la jeune journaliste en 2003. « *Les montagnes russes, on a l'habitude*, soupire Anne Sinclair. *Après chaque bonne nouvelle, survient une catastrophe.* » Ce 16 octobre, vient d'éclater ce que des journaux ont appelé la « troisième affaire DSK », dite « du Carlton de Lille ». On parle de proxénétisme aggravé, d'abus de biens sociaux, de femmes transformées en « colis », expédiées de l'autre côté de l'Atlantique. Assis dans son fauteuil, Dominique Strauss-Kahn paraît très affecté : « *C'est une accusation terrible. Dans la presse, on associe mon nom à la prostitution. C'est insupportable. J'ai participé à des soirées libertines, c'est vrai. Mais d'habitude, les participantes à ces soirées ne sont pas des prostituées. Libertinage et prostitution ne vont pas ensemble.* »

– Avec vos responsabilités, n'auriez-vous pas dû quand même vous poser la question ?

– Oui, on peut le dire maintenant. J'ai toujours fait confiance aux gens dans ma vie personnelle comme en politique. Il est arrivé que des amis m'invitent à des soirées, ils me présentaient les filles comme leurs copines. Quand quelqu'un vous présente sa copine, vous ne lui demandez pas si c'est une prostituée. Et quand on vous invite à une soirée, vous ne demandez pas à voir la facture, pour vérifier si c'est votre ami ou son entreprise qui paie. »

Le téléphone sonne. Dominique Strauss-Kahn s'interrompt. Il répond à son avocat. Ils mettent au point un communiqué : « *Dominique Strauss-Kahn veut être entendu comme témoin dans les plus brefs délais, afin de s'expliquer et de mettre un terme aux insinuations malveillantes.* » Après le Sofitel et Tristane Banon, « l'affaire du Carlton » apparaît à la fois comme la plus insignifiante judiciairement et la plus dégradante moralement. « *Je n'ai jamais rien fait d'illégal,* insiste Dominique Strauss-Kahn. *La prostitution, le proxénétisme, je les ai en horreur. Ce n'est pas moi cela. Vous vous rendez compte des dégâts causés sur ma femme, sur nos enfants ? On étale sur la place publique mon intimité, alors que je n'ai même pas été entendu comme témoin.* » Anne Sinclair partage l'indignation de son mari face à cette nouvelle affaire. Toujours solidaire. Que pense-t-elle de ses frasques passées ? « *C'est notre problème. Je m'en expliquerai le jour de mon choix. Dans un livre peut-être. Je dirai ce que j'ai vécu et j'expliquerai aussi ma conception du couple. Je répondrai à certaines féministes qui m'ont jugée sans savoir.* » Ce soir-là, Anne Sinclair, en jean et en pull, paraît étonnamment jeune. Elle a beaucoup minci. Dominique Strauss-Kahn, lui aussi, a minci, mais la barbe qu'il laisse pousser depuis quelques jours ne le rajeunit pas.

Je continue à les interroger, afin de reconstituer leur emploi du temps de ce fatidique 14 mai. Nous épluchons les relevés téléphoniques d'Anne Sinclair. Je lui pose encore d'autres questions, excité à l'idée de trouver la vérité. C'est mon job. C'est leur drame. Anne Sinclair reste aimable et disponible. Mais elle paraît très fatiguée. Très lasse. Ses yeux sont humides. Il est près de 20 h, DSK appuie sur la télécommande. Sans surprise, François Hollande sera le candidat des socialistes à la présidentielle. Je scrute le visage de DSK. Self-control. Comme souvent, il ne laisse paraître aucune émotion. Juste un petit sourire un peu mélancolique. « *Belle victoire !* » soupire-t-il. Son épouse, elle, ne dissimule rien. Ce n'est pas son genre. Elle ne porte pas Hollande dans son cœur. « *Il est le seul,* rappelle-t-elle, *de tous les dirigeants socialistes, qui ne nous a ni téléphoné ni écrit après l'arrestation de Dominique.* » Anne Sinclair, au premier tour de la primaire, a voté pour Manuel Valls. « *Lui, il a été impeccable. Pourtant ce n'était pas un proche de Dominique.* » Au deuxième tour, elle a voté pour « Martine », comme son mari. « *C'est dommage pour Martine, elle a fait une belle campagne* », dit-il. Le pense-t-il vraiment ? Lié à elle par un pacte du temps où il était encore « le » présidentiable, il ne peut pas se renier. Mais beaucoup de ses proches, tels Le Guen et Moscovici, soutiennent Hollande dont on dit qu'il a mis ses pas dans ceux de DSK. Sur le plan personnel, Dominique Strauss-Kahn est plus proche de Martine Aubry. « *Elle a beaucoup de caractère. Elle sait prendre des décisions* », dit-il. Et Hollande ? « *On verra comment il fera* », répond-il sans enthousiasme. « *Maintenant il faut soutenir Hollande. Il faut absolument se débarrasser de Sarkozy, le pire de tous les présidents* », déclare Anne Sinclair. Sur l'écran, les socialistes se réjouissent. François Hollande rayonne. Place des Vosges, nous parlons d'autre chose.

Interrogé sur une éventuelle participation de Dominique Strauss-Kahn au gouvernement après une victoire de la gauche, François Hollande a répondu sèchement : « *Il y a des règles* ». Avant d'ajouter que de toute façon, la gauche devrait faire appel à des personnalités nouvelles. DSK en a-t-il été blessé ? « *La question pour moi ne se pose pas. J'ai déjà été ministre des Finances, je ne vais pas le redevenir.* » Au fil des déclarations de François Hollande, on peut mesurer la dégringolade de DSK.

Début juillet, alors qu'une levée des charges paraissait imminente à New York, le député de Corrèze proposait un éventuel report de l'ouverture de la primaire, afin de permettre à DSK d'y participer. Début septembre, quand son ancien rival revient en France, Hollande n'exclut pas qu'il joue un rôle de conseiller pendant la campagne présidentielle. En octobre, Hollande parle en patron, il congédie Strauss-Kahn de la politique. « L'affaire de Lille » a fait déborder le vase.

Dans les semaines qui suivent, pendant que l'ancien directeur général du FMI attend toujours d'être entendu par la police, la presse poursuit ses révélations sur les « parties fines » auxquelles DSK a participé à Washington et à Paris. Un poison lent qui détruit sa réputation. Dans les kiosques à journaux, s'étalent son visage barbu et des titres qui évoquent sa déchéance. Des articles décrivent la « déception », voire la « colère », de ses derniers fidèles. *Le Monde* l'annonce seul à Paris, passant ses journées à jouer aux échecs, pendant que Anne Sinclair vivrait de son côté à Marrakech. Rarement dans l'histoire tant de gens auront souhaité la séparation d'un couple !

En réalité, ils sont ensemble à Marrakech, où je leur téléphone le 2 novembre pour une ultime conversation. « *Ici nous sommes un peu plus tranquilles*, confie Anne Sinclair, *même si nous lisons les journaux sur Internet ; il y a moins de pression qu'à Paris. Les gens sont très gentils, très chaleureux avec nous. Parfois, des touristes français veulent nous prendre en photo. Beaucoup nous soutiennent et nous encouragent.* »

« Quelles leçons tirez-vous des six mois terribles que vous avez vécus ?

– Moi qui suis journaliste et qui suis passionnée par l'information depuis mon plus jeune âge, j'ai vraiment été écœurée par le comportement d'une grande partie de la presse. J'ai découvert à notre propos une capacité à inventer des choses. Des journalistes que je n'ai jamais rencontrés m'ont prêté des propos imaginaires. On n'a cessé de répandre en boucle des infos non vérifiées. Quelle différence avec CNN, par exemple, qui ne répercute jamais une dépêche d'agence sans l'avoir recoupée avec une autre source. Concernant la politique, je savais en théorie qu'il existait des tueurs prêts à tout pour descendre leurs adversaires, mais je n'y avais jamais été confrontée en pratique. Nous avons connu aussi une grande satisfaction. Aucun ami, je dis bien aucun, ne nous a lâchés durant cette épreuve. Je ne parle pas des opportunistes qui du jour au lendemain nous ont tourné le dos. Mais des vrais amis. Ils ont tous été merveilleux. »

De son côté, Dominique Strauss-Kahn reconnaît avoir sous-estimé les pièges d'une campagne présidentielle.

« Quand on parlait de photos pour me discréditer, j'ai toujours pensé que c'était du bluff. Quant à Tristane Banon, avec mon équipe, nous étions persuadés qu'elle ne déposerait pas plainte : comme les faits étaient faux, que par conséquent elle n'avait aucune preuve, et cela faisait huit ans. À part ma vie

sexuelle libre, que je ne suis pas seul à mener dans le monde politique ou des affaires, et qui n'a rien d'illégal, je n'avais rien à me reprocher. Je n'imaginais pas qu'on pourrait monter des histoires en épingle pour me détruire. »

– Vous portez quand même une lourde responsabilité !

– Bien sûr. Rien ne serait arrivé si je n'avais pas eu cette relation consentie mais stupide avec Nafissatou Diallo. Ce jour-là, j'ai ouvert la porte à toutes les autres affaires. »

Difficile d'obtenir plus de confessions de la part de DSK. « *Vous n'allez pas me psychanalyser, quand même ?* » À chacun ses défenses. Mais il est clair qu'il s'en veut énormément du mal causé à sa femme, à ses enfants, et à tous ceux qui lui faisaient confiance. « *Ce qui a changé dans ma vie en six mois ? J'étais en position de devenir président de la République. Et je ne le suis plus, c'est tout. N'attendez pas que je vous en dise plus.*

– Ce mot de "légèreté", vous l'appliquez seulement à propos de l'instant d'égarement avec Nafissatou Diallo ou plus largement à votre comportement personnel ?

– À l'ensemble de mon comportement.

– Vous avez décidé de changer de mode de vie ?

– Oui. J'ai décidé de rompre avec tout cela. C'est fini. »

Nous parlons alors de l'actualité, de la crise financière dans laquelle s'enfonce l'Europe. DSK souffre d'être réduit à l'impuissance : « *Cela me fait bouillir quand je vois les Européens patauger dans l'affaire grecque, alors que depuis décembre 2010, avec le FMI, je les poussais à intervenir. J'ai l'impression qu'on est revenu en arrière.* »

Dominique Strauss-Kahn confie son envie d'écrire un livre sur la situation de l'économie mondiale à partir de son expérience au FMI. La conversation glisse sur son avenir : « *Je reçois des sollicitations dans le secteur financier. Je pourrais gagner beaucoup d'argent, mais je ne me vois pas diriger une banque. En fait, mon rêve, ce serait plutôt pendant quelques années de m'investir dans une ONG en Afrique ou en Amérique latine, afin de mettre l'expérience acquise au FMI au service du développement des plus pauvres.* »

Son épouse aussi envisage une nouvelle activité professionnelle. On lui a proposé la direction éditoriale de la version française du site d'information américain *Huffington Post*. « *Je n'aurai pas de fonction opérationnelle*, dit-elle. *C'est une belle expérience, qui me permet de revenir dans ma profession et de créer en France un média nouveau qui respecte des principes déontologiques. Même si je me sens assez éloigné d'une partie de la presse française, j'ai vraiment très envie de refaire du journalisme.* »

Ce retour au journalisme, Anne Sinclair n'aurait pas pu le faire si son mari était devenu Président. « *Contrairement à ce qu'on a dit, je ne l'ai jamais poussé vers le pouvoir. J'avais peur de la campagne électorale et, surtout, de perdre ma liberté en devenant Première dame de France.* »

Dominique Strauss-Kahn prétend avoir renoncé à toute ambition politique. Pourrait-il dire le contraire ? « *Il y a des tas de choses à faire bien plus intéressantes pour aider l'humanité.* »

Et peut-être moins risquées.

Table des matières

Cet ouvrage a été imprimé
en novembre 2011 par

CPI

FIRMIN-DIDOT

27650 Mesnil-sur-l'Estrée
N° d'impression : 108415
Dépôt légal : novembre 2011
ISBN : 978-2-35417-138-4

Imprimé en France